큰 그림과 큰 글씨로 눈이 편하게!

2nd Edition

★ 저자 김재연 ★

YoungJin.com Y.
영진닷컴

B-1001, Gab-eul Great Valley, 32, Digital-ro 9-gil, Geumcheon-gu, Seoul, Republic of Korea.
All rights reserved. First published by Youngjin.com. in 2025. Printed in Korea

저작권법에 의하여 한국 내에서 보호를 받는 저작물이므로 무단전재 및 복제를 금합니다.

ISBN : 978-89-314-8167-9

독자님의 의견을 받습니다.
이 책을 구입한 독자님은 영진닷컴의 가장 중요한 비평가이자 조언가입니다. 저희 책의 장점과 문제점이 무엇인지, 어떤 책이 출판되기를 바라는지, 책을 더욱 알차게 꾸밀 수 있는 아이디어가 있으면 팩스나 이메일, 또는 우편으로 연락주시기 바랍니다. 의견을 주실 때에는 책 제목 및 독자님의 성함과 연락처(전화번호나 이메일)를 꼭 남겨 주시기 바랍니다. 독자님의 의견에 대해 바로 답변을 드리고, 또 독자님의 의견을 다음 책에 충분히 반영하도록 늘 노력하겠습니다.

이메일 : support@youngjin.com
주 소 : (우)08512 서울특별시 금천구 디지털로9길 32 갑을그레이트밸리 B동 10F
등 록 : 2007. 4. 27. 제16-4189호

파본이나 잘못된 도서는 구입하신 곳에서 교환해 드립니다.

STAFF
저자 김재연 | **총괄** 김태경 | **진행** 김연희 | **디자인·편집** 김소연 | **영업** 박준용, 임용수, 김도현, 이윤철
마케팅 이승희, 김근주, 조민영, 김민지, 김진희, 이현아 | **제작** 황장협 | **인쇄** 제이엠

이 책은요!

쏙 하고 싹 배우는
포토스케이프 X
2nd Edition

기본적인 사진 자르기와 크기 조절부터 텍스트 삽입, 밝기 조절, GIF 이미지 만들기 등 포토스케이프 X의 다양한 기능을 사용해 사진을 편집해보는 방법을 배워요!

❶ POINT
챕터에서 배우게 될 내용을 간략하게 소개해요.

❷ 완성 화면 미리 보기
챕터에서 배우게 되는 예제의 완성된 모습을 미리 만나요.

❸ 여기서 배워요!
어떤 내용을 배울지 간략하게 살펴봐요. 배울 내용을 미리 알아 두면 훨씬 쉽고 재미있게 배울 수 있어요.

❹ STEP
예제를 하나하나 따라 하면서 본격적으로 기능을 익혀 봐요.

❺ 조금 더 배우기
본문에서 설명하지 않은 내용 중 중요하거나 알아 두면 좋을 내용들을 알 수 있어요.

❻ 혼자서도 만들 수 있어요!
챕터에서 배운 내용을 연습하면서 한 번 더 기능을 숙지해 봐요.

❼ HINT
문제를 풀 때 참고할 내용을 담았어요.

이 책의 목차

CHAPTER 01
사진 자르기와 크기 조절 어디까지 할 수 있을까? ············ **006**

CHAPTER 02
어두운 사진, 밝고 또렷하게 살려보자! ············ **016**

CHAPTER 03
오래된 사진, 마법처럼 복원해볼까? ············ **023**

CHAPTER 04
사진에 글씨 넣기, 감성 한 스푼 추가하기 ············ **034**

CHAPTER 05
멈췄던 작업, 다시 이어서! 프로젝트 저장하기 ············ **043**

CHAPTER 06
흑백 감성부터 영화 느낌까지, 필터의 세계 ············ **050**

CHAPTER 07
계절 분위기 입히기 봄, 여름, 가을, 겨울 ············ **056**

CHAPTER 08
셀카를 자연스럽게! 뽀샤시하게! ············ **060**

CHAPTER 09
필요 없는 부분 쏙! 사진에서 사람 지우기 ············ **067**

CHAPTER 10
여러 장을 한 장으로! 예쁜 콜라주 만들기 ············ **076**

쏙 하고 싹 배우는
포토스케이프 X
2nd Edition

CHAPTER 11
나만의 도장! 스티커 만들기 · **080**

CHAPTER 12
평면을 넘어서! 사진에 3D 효과 주기 · **088**

CHAPTER 13
섬네일, 한눈에 끌리는 스타일로 만들기 · **093**

CHAPTER 14
나만의 명함 만들기 · **098**

CHAPTER 15
귀여운 스노우볼 만들기 · **104**

CHAPTER 16
여러 장의 사진을 한 번에 수정하는 꿀팁! · · · · · · · · · · · · · · · · · · · **110**

CHAPTER 17
움짤도 뚝딱! GIF 이미지 만들기 · **116**

CHAPTER 18
내가 만든 행사 포스터, 해상도 높여 인쇄까지! · · · · · · · · · · · · · **128**

CHAPTER 19
가족여행 앨범 디자인도 뚝딱! · **137**

CHAPTER 20
사진으로 만드는 4컷 동화 · **144**

CHAPTER 01 | 사진 자르기와 크기 조절 어디까지 할 수 있을까?

POINT

무료이면서 다양한 편집이 가능한 포토스케이프 X를 활용하여 여러 가지 자르기 방식으로 원하는 구도를 살리고 활용 목적에 맞게 사진 크기를 조절하는 방법을 배워봅니다.

▍완성 화면 미리 보기

 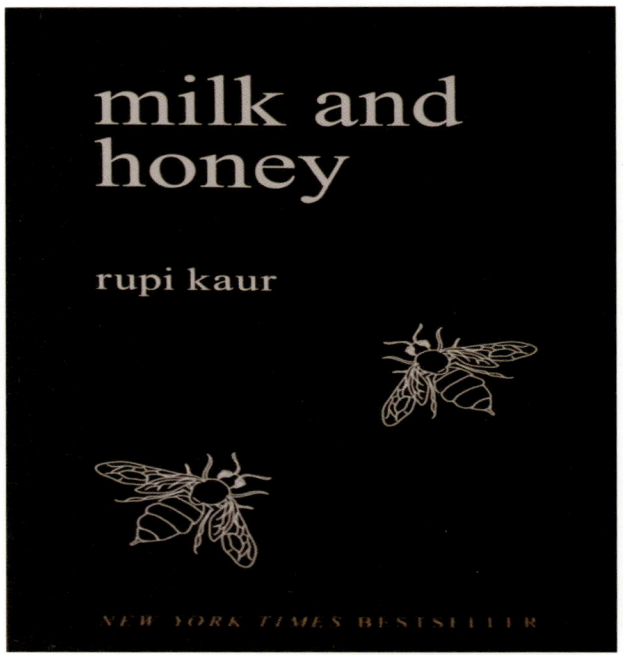

▍여기서 배워요!

수평 맞추기 / 자유롭게 자르기 / 원형(원근) 자르기 / 사진 크기 조절하기

STEP 01 포토스케이프 X 실행하기

01 윈도우 작업표시줄의 [시작](⊞) 버튼을 클릭하여 [PhotoScape X]를 클릭합니다.

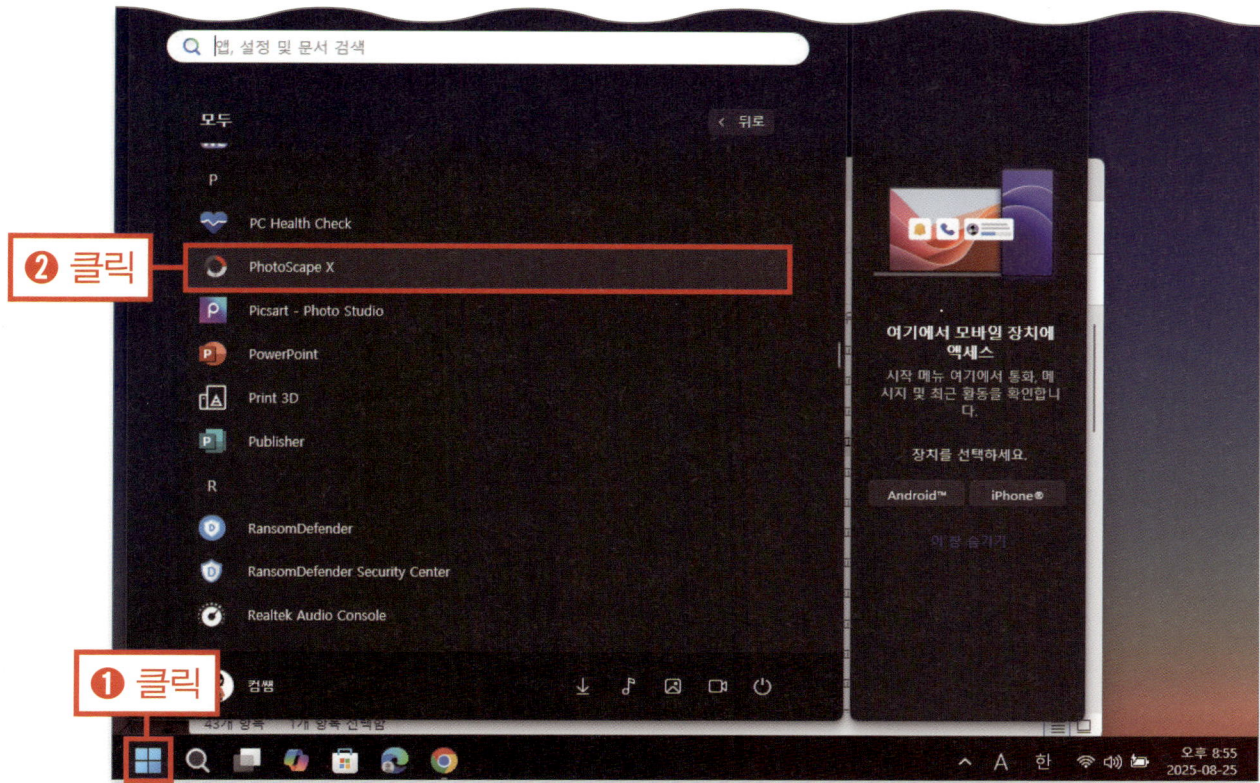

조금 더 배우기

'포토스케이프 X' 프로그램이 없다면 이렇게 설치합니다.

1. [시작](⊞) 버튼을 클릭하여 [Microsoft Store 시스템]을 클릭합니다.
2. 'Microsoft Store' 화면에서 검색란에 '포토스케이프'를 입력하고 [Enter↵]를 누릅니다.
3. [PhotoScape X] 무료 버전을 클릭합니다.
4. [다운로드]를 클릭합니다.
5. 다운로드가 완료되면 [실행]을 클릭하여 프로그램을 설치합니다.

02 '포토스케이프 X' 프로그램이 실행됩니다.

조금 더 배우기

'포토스케이프 X'의 탭 메뉴를 알아봅니다.

❶ **사진 뷰어** : 사진을 정렬하고 분류하여 봅니다. 다양한 화면 보기 방식을 제공합니다.
❷ **사진 편집** : 기본 기능(자르기, 크기조절 등)부터 고급 기능(레이어, 프로젝트 저장)까지 지원합니다.
❸ **오려내기** : 자동 지우개, 올가미, 브러시 기능을 이용하여 사진의 특정 부분을 제거합니다.
❹ **일괄편집** : 여러 장의 사진을 한꺼번에 변경하여 저장합니다.
❺ **콜라주** : 여러 장의 사진을 템플릿 한 장으로 만듭니다.
❻ **이어붙이기** : 수직, 수평, 바둑판 형식으로 여러 장의 사진을 한 장으로 이어붙입니다.
❼ **GIF 애니메이션** : 여러 장의 사진으로 움직이는 사진을 만듭니다.
❽ **인쇄** : 선택한 다양한 규격으로 인쇄합니다.
❾ **도구** : 화면캡처, 색상검출, 이름 바꾸기 기능을 제공합니다.

STEP 02 비뚤어진 사진 수평 맞추기

01 [사진 편집] 탭을 클릭한 후 탐색 화면에서 [예제이미지]-[1강] 폴더를 차례대로 클릭합니다. [수평선.jpg]를 선택합니다. [편집] 메뉴에서 [수평 맞추기](▭)를 클릭합니다.

02 '수평 맞추기' 대화상자에서 [각도] 입력란에 '-3.2'를 입력한 후 [적용]을 클릭합니다. [편집] 메뉴의 [자르기]를 클릭합니다.

> **조금 더 배우기**
> '각도 슬라이드'를 이동하거나 '▲▼'으로 조절할 수도 있습니다.

STEP 03 사진 자유롭게 자르기

01 '자르기' 대화상자가 나타나면 [자유롭게 자르기]를 클릭합니다. 아래 그림을 참고하여 가로 비율로 드래그하여 선택한 후 [자르기]를 클릭합니다.

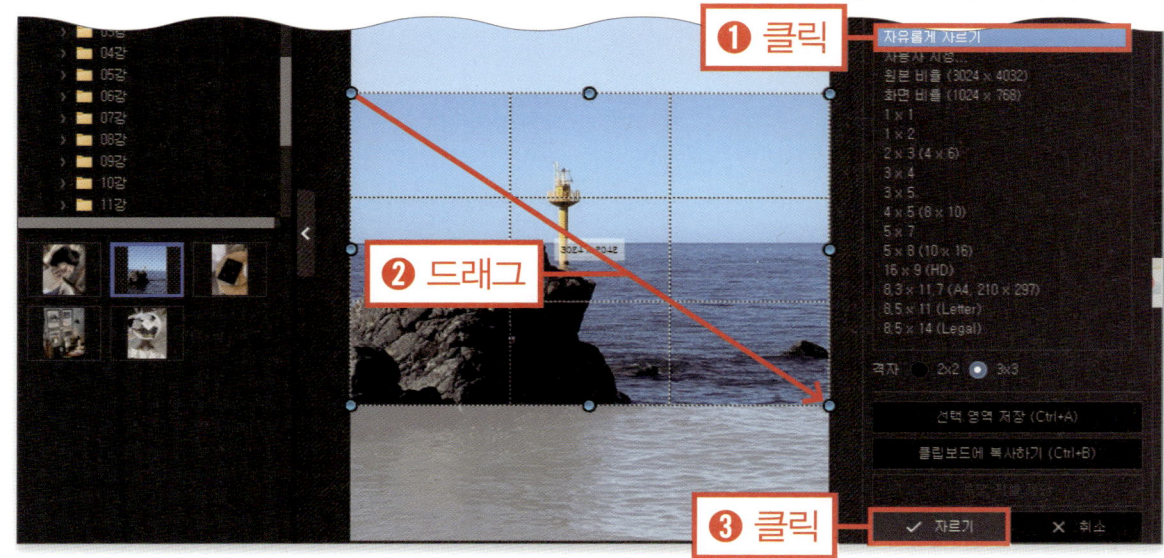

> **조금 더 배우기**
> 자르기 범위를 선택한 후 Enter↵를 눌러도 됩니다. [선택 영역 저장]을 클릭하여 자르기한 사진을 바로 저장할 수도 있습니다.

STEP 04   사진 크기(용량) 조절하기

01   [편집] 메뉴의 [크기 조절]을 클릭합니다. '크기 조절' 대화상자가 나타나면 '가로 폭(px)' 입력란을 클릭하여 [1280]을 선택합니다. [적용]을 클릭합니다.

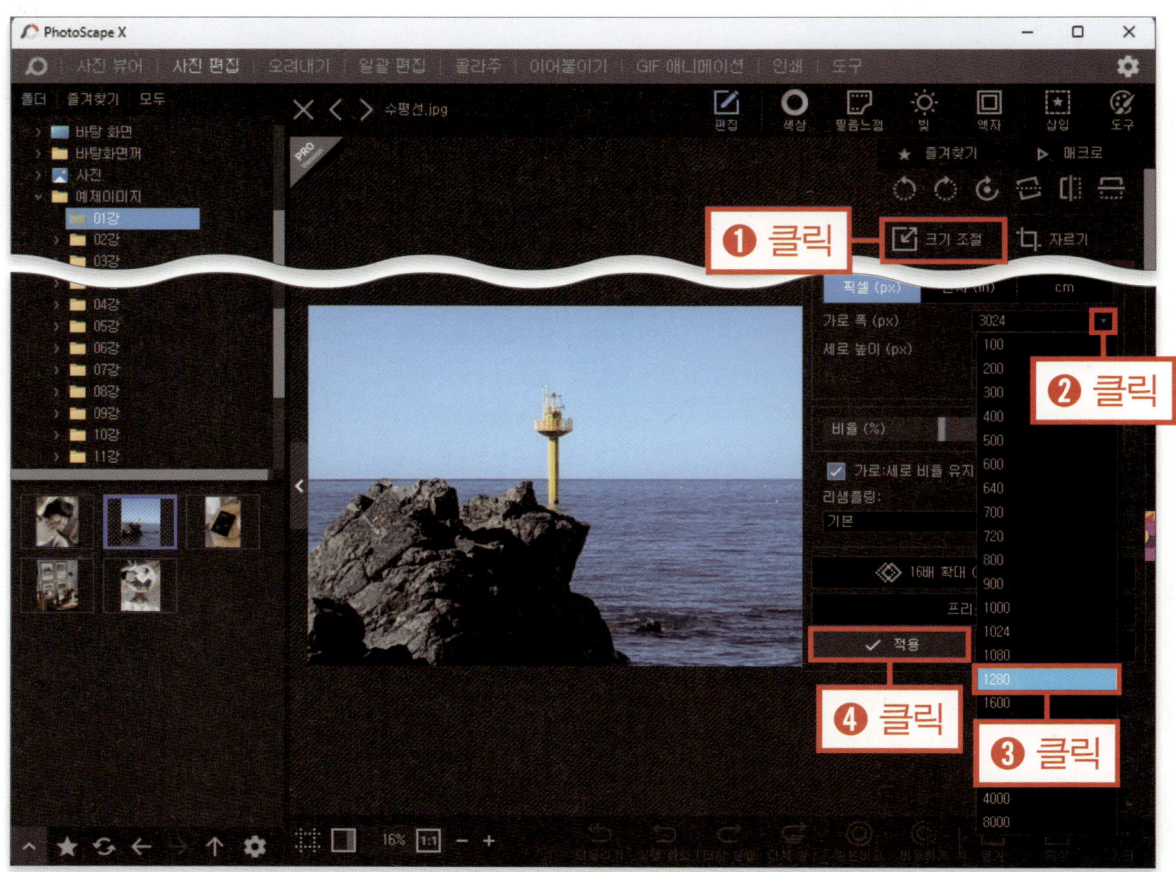

조금 더 배우기

사진은 기본으로 '가로:세로 비율 유지'가 선택되어 있어 한쪽 값만 변경하면 같이 변경됩니다.

02 오른쪽 아래 [저장]을 클릭합니다. '저장' 대화상자가 나타나면 [다른 이름으로 저장]을 클릭합니다. 저장할 위치를 선택하고 '파일 이름(예:수평선_자유자르기)'을 입력합니다. [저장]을 클릭합니다.

조금 더 배우기

'포토스케이프 X' 저장에 대해 알아봅니다.

- **저장** : 기존에 있는 이미지에 덮어쓰기됩니다.
- **지정된 폴더에 저장** : 저장할 폴더를 지정해 둡니다. 기본은 사진(Pictures) 폴더입니다.
- **다른 이름으로 저장** : 원본은 두고 다른 이름으로 저장합니다.
- **프로젝트 저장** : 나중에 계속 편집 가능한 형식으로 저장합니다.

STEP 05 원형으로 사진 자르기

01 [1강] 폴더에서 [셀카.jpg]를 선택합니다. [편집] 메뉴에서 [자르기]를 클릭합니다.

02 '자르기' 대화상자에서 '원형 자르기'의 [체크](✓)를 클릭합니다. '사진 비율'을 [1x1]로 선택한 후 아래 그림처럼 드래그한 다음 [자르기]를 클릭합니다.

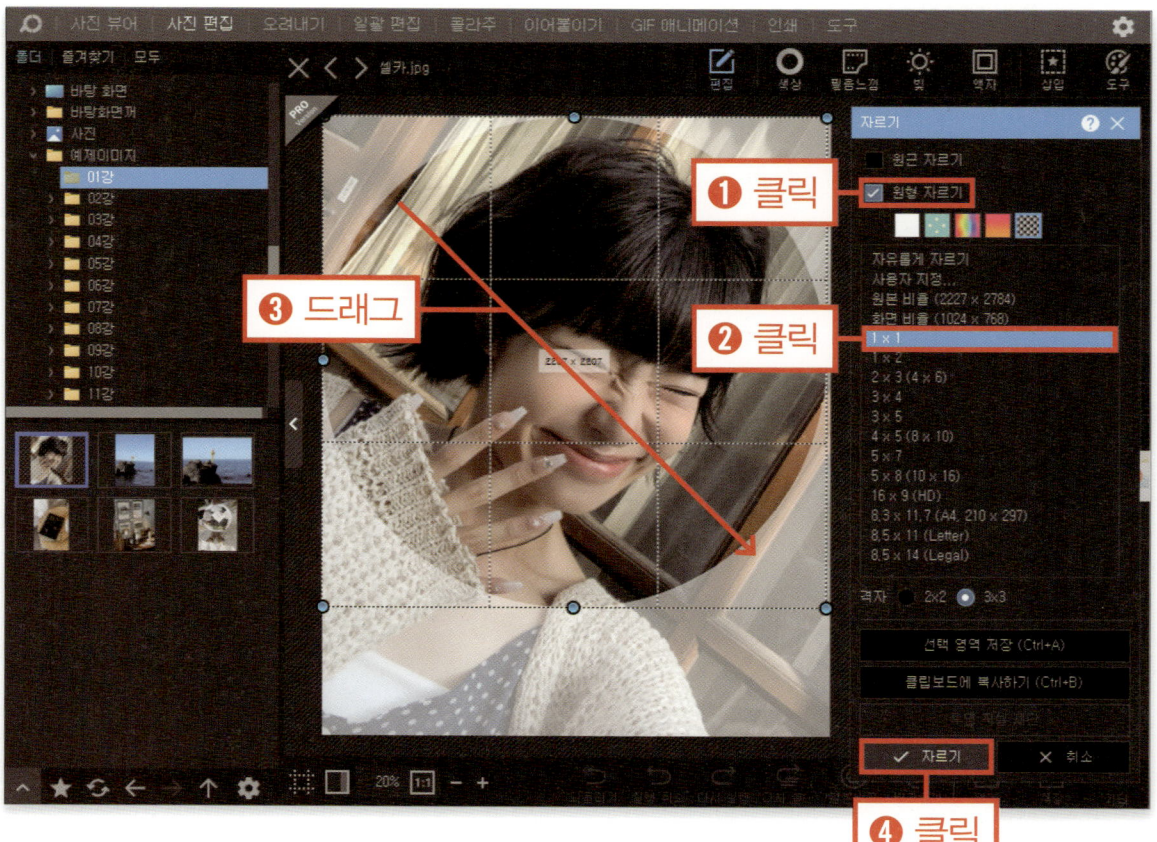

03 원형 모양으로 잘린 사진을 확인합니다. 투명한 배경으로 사진을 저장하기 위해 [저장]을 클릭합니다.

04 '저장' 대화상자가 나타나면 [다른 이름으로 저장]을 클릭합니다. 저장할 위치를 선택하고 '파일이름(예:셀카_원형자르기)'을 입력합니다. '파일 형식'을 클릭하여 [PNG(*.png)]를 선택한 후 [저장]을 클릭합니다.

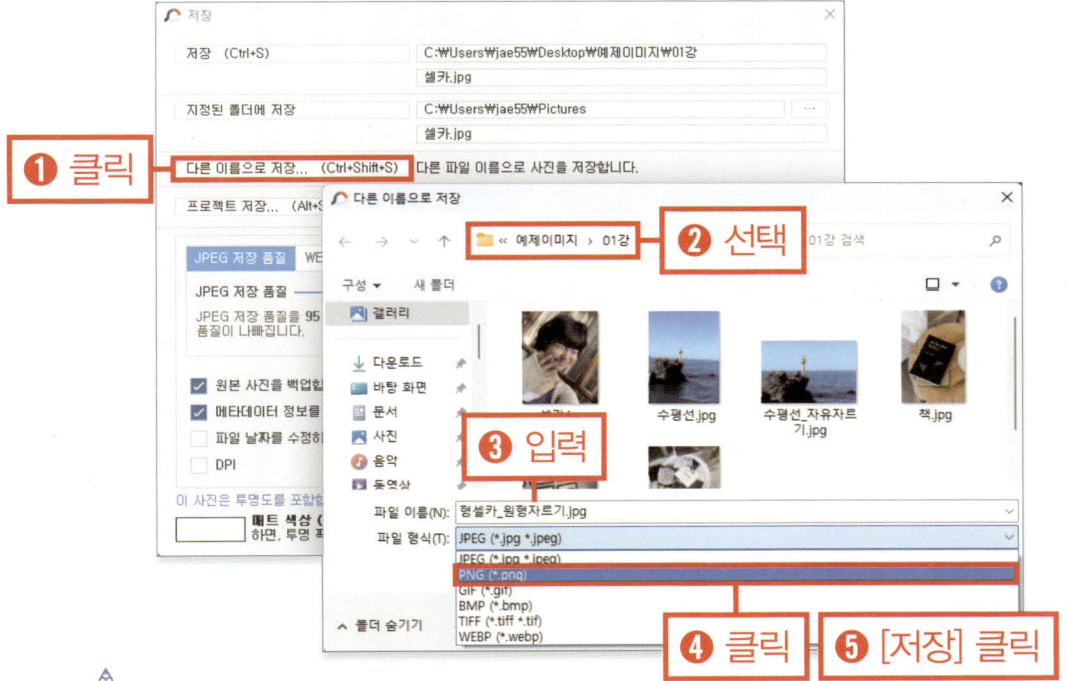

조금 더 배우기

파일 형식을 'PNG'로 선택하지 않으면 흰색으로 배경이 채워집니다.

STEP 06　원근으로 사진 자르기

01 [1강] 폴더에서 [책.jpg]를 선택합니다. [편집] 메뉴에서 [자르기]를 클릭합니다.

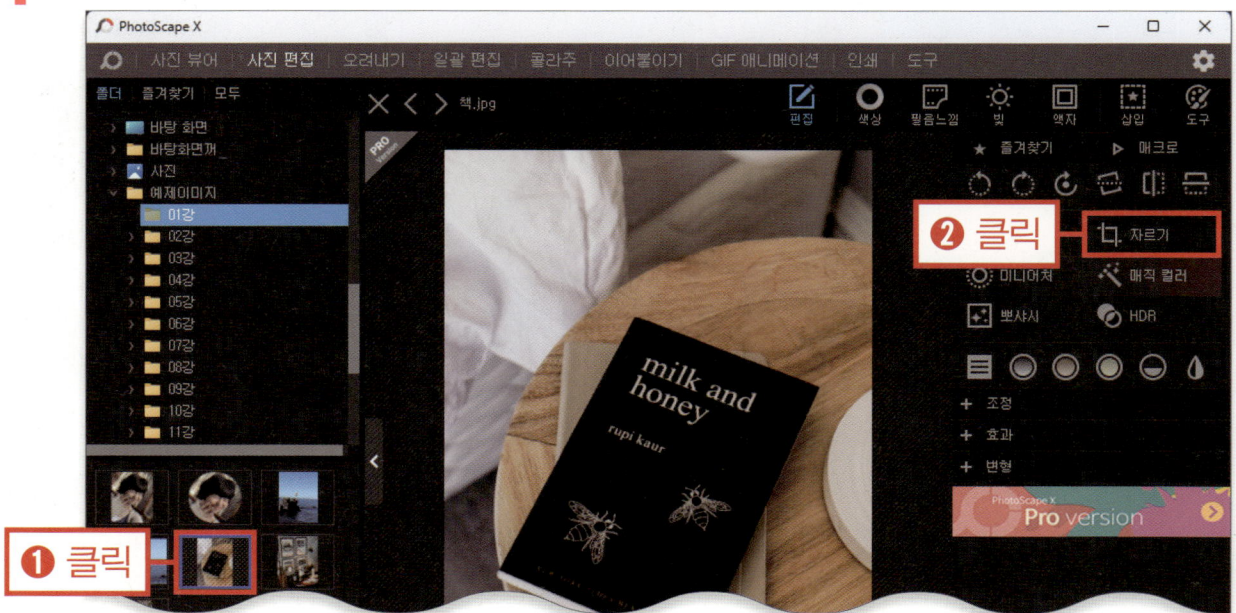

02 '자르기' 대화상자가 나타나면 '원근 자르기'의 [체크](✓)를 클릭합니다.

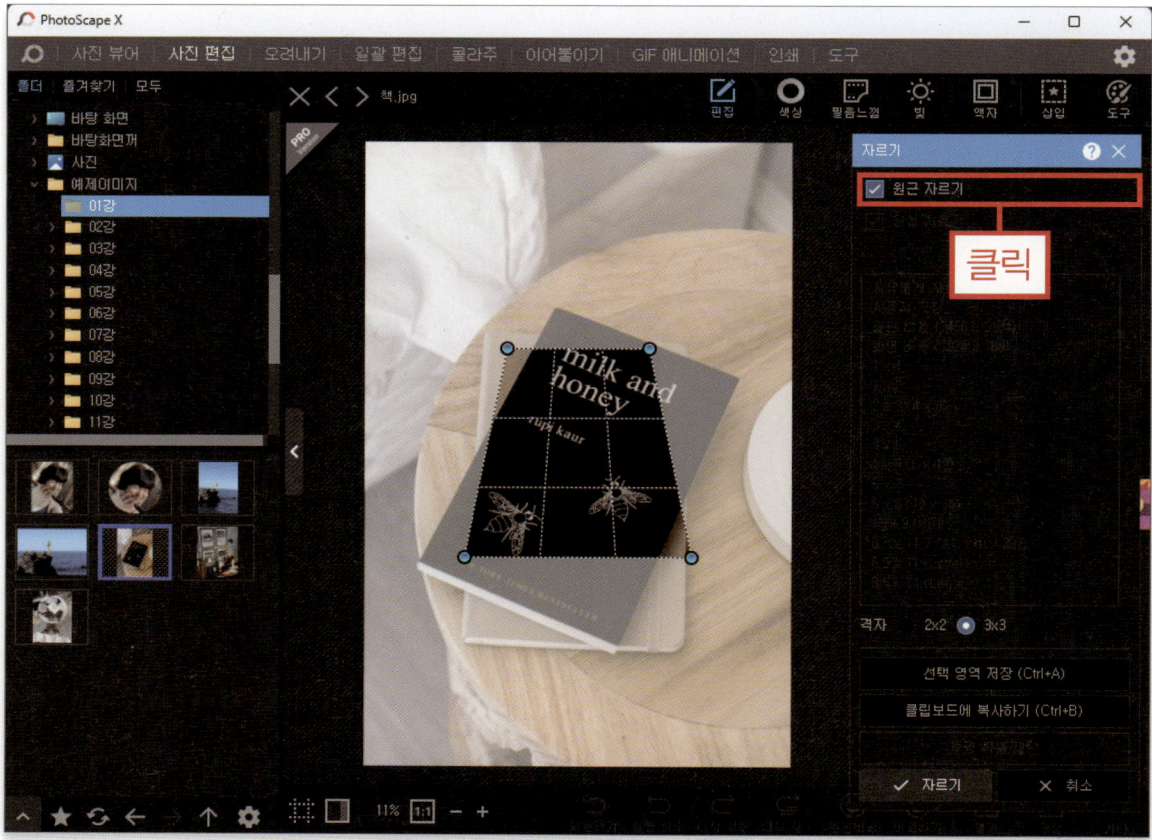

03 [조절점](⊙)을 드래그하여 아래 그림처럼 배치하고 [자르기]를 클릭합니다.

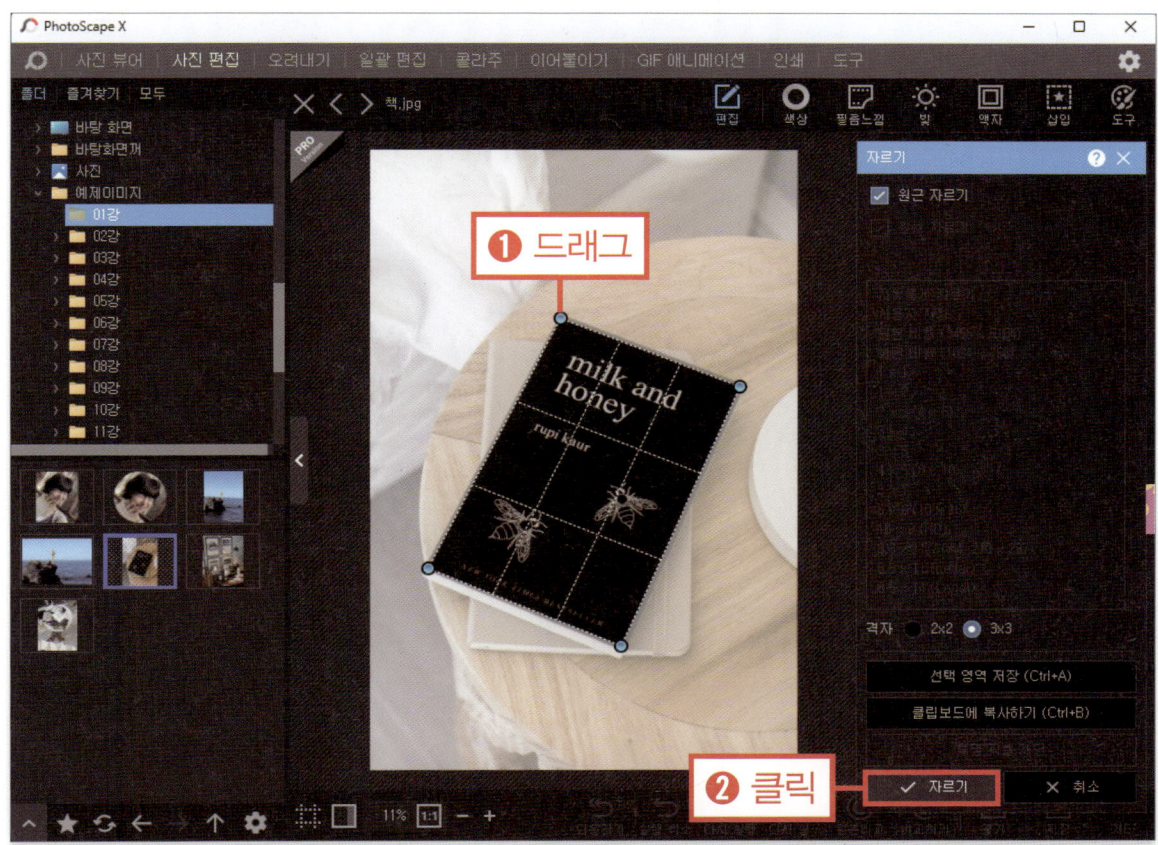

04 원하는 부분만 자르기된 것을 확인합니다. [저장]을 클릭하여 저장합니다.

CHAPTER 02 | 어두운 사진, 밝고 또렷하게 살려보자!

POINT

흐릿하게 나오거나 어둡게 찍은 사진을 밝기와 대비를 조절하여 생생하게 살리는 방법을 배워봅니다.

완성 화면 미리 보기

여기서 배워요!

역광 보정 / 대비 / 초현실적 / 안개 제거

STEP 01 역광 보정 이용하여 사진 밝게 하기

01 '포토스케이프 X'를 실행합니다. 메뉴에서 [사진 편집] 탭을 클릭한 후 [예제이미지]-[2강] 폴더의 [산책길.jpg]를 선택합니다. [편집] 메뉴에서 [조정]-[역광 보정]을 차례대로 클릭합니다.

02 '역광 보정' 대화상자가 나타나면 '어두운 영역 밝게', '밝은 영역 어둡게'의 값을 각각 '100'으로 입력하고 [적용]을 클릭합니다.

조금 더 배우기

모든 적용 값은 사진마다 차이가 있습니다. 슬라이드를 천천히 이동하여 사진에 어울리는 값을 설정해도 됩니다.

03 [편집] 메뉴에서 [매직 컬러]를 클릭합니다. '매직 컬러' 대화상자가 나타나면 기본값 그대로 [적용]을 클릭합니다.

04 원본 사진과 비교하기 위해 [원본비교]를 클릭합니다. [저장]-[다른 이름으로 저장]을 클릭하여 '산책길_역광보정.jpg'로 저장합니다.

STEP 02 대비로 뿌연 사진 선명하게 하기

01 [2강] 폴더의 [초원.jpg]를 선택합니다. [색상] 메뉴를 클릭합니다.

02 '색상' 옵션 창이 나타나면 [HDR]의 [체크](☑)를 클릭합니다. '대비' 입력란에 '20', '채도' 입력란에 '15'를 입력하고 [적용]을 클릭합니다. [저장]-[다른 이름으로 저장]을 클릭하여 '초원_대비.jpg'로 저장합니다.

 조금 더 배우기

'HDR'과 '매직 컬러'의 차이
- **HDR** : 사진의 밝은 부분은 더 밝게, 어두운 부분은 더 어둡게 하여 실제와 같은 생동감을 표현합니다.
- **매직 컬러** : 사진의 색감을 풍부하고 선명하게 만들어주어 전체적인 색상 표현을 더욱 자연스럽고 화사하게 보정하는 데 사용됩니다.

STEP 03 **초현실적 효과로 사진 밝게 하기**

01 [2강] 폴더의 [산책길.jpg]를 선택합니다. [편집] 메뉴에서 [조정]-[초현실적]을 차례대로 클릭합니다.

02 '초현실적' 대화상자가 나타나면 '초현실적' 입력란에 '50', '명도' 입력란에 '35'를 입력하고 [적용]을 클릭합니다. [저장]-[다른 이름으로 저장]을 클릭하여 '산책길_초현실적.jpg'로 저장합니다.

STEP 04 안개 제거로 사진 선명하게 하기

01 [2강] 폴더의 [초원.jpg]를 선택합니다. [편집] 메뉴에서 [조정]-[안개 제거]를 차례대로 클릭합니다.

02 '안개 제거' 대화상자가 나타나면 '강도' 입력란에 '70', '어두운 영역 밝게' 입력란에 '40'을 입력하고 [적용]을 클릭합니다. [저장]-[다른 이름으로 저장]을 클릭하여 '초원_안개제거.jpg'로 저장합니다.

혼자서도 만들 수 있어요!

1 [예제이미지]-[2강] 폴더의 [혼_버스.jpg] 사진을 [HDR] 기능으로 밝게 수정해 보세요.

> **hint** [편집] 메뉴의 [HDR] 클릭 → '강도' 값을 '70', 'HDR(생동감)' 값을 '80'으로 입력

2 [2강] 폴더의 [혼_다리위.jpg] 사진을 [색상] 메뉴를 이용하여 수정해 보세요.

> **hint** [색상] 메뉴에서 '어둡게' 값을 '60', '밝은 영역 어둡게' 값을 '50'으로 입력 → [편집] 메뉴-[조정]-[비네팅] 클릭

CHAPTER 03 오래된 사진, 마법처럼 복원해볼까?

> **POINT**

색이 바래거나 손상된 사진을 보정하면서 선명함과 원래의 색감을 되살리는 방법을 배워봅니다.

▌완성 화면 미리 보기

▌여기서 배워요!

노이즈 제거하기 / 자동 레벨 / 페인트 / 매직 컬러 / 색상 교체

STEP 01   오래된 사진의 노이즈 제거하기

01   '포토스케이프 X'를 실행합니다. 메뉴에서 [사진 편집] 탭을 클릭한 후 [예제이미지]-[3강] 폴더의 [연인.jpg]를 선택합니다. [편집] 메뉴에서 [조정]-[자동 레벨]을 차례대로 클릭합니다.

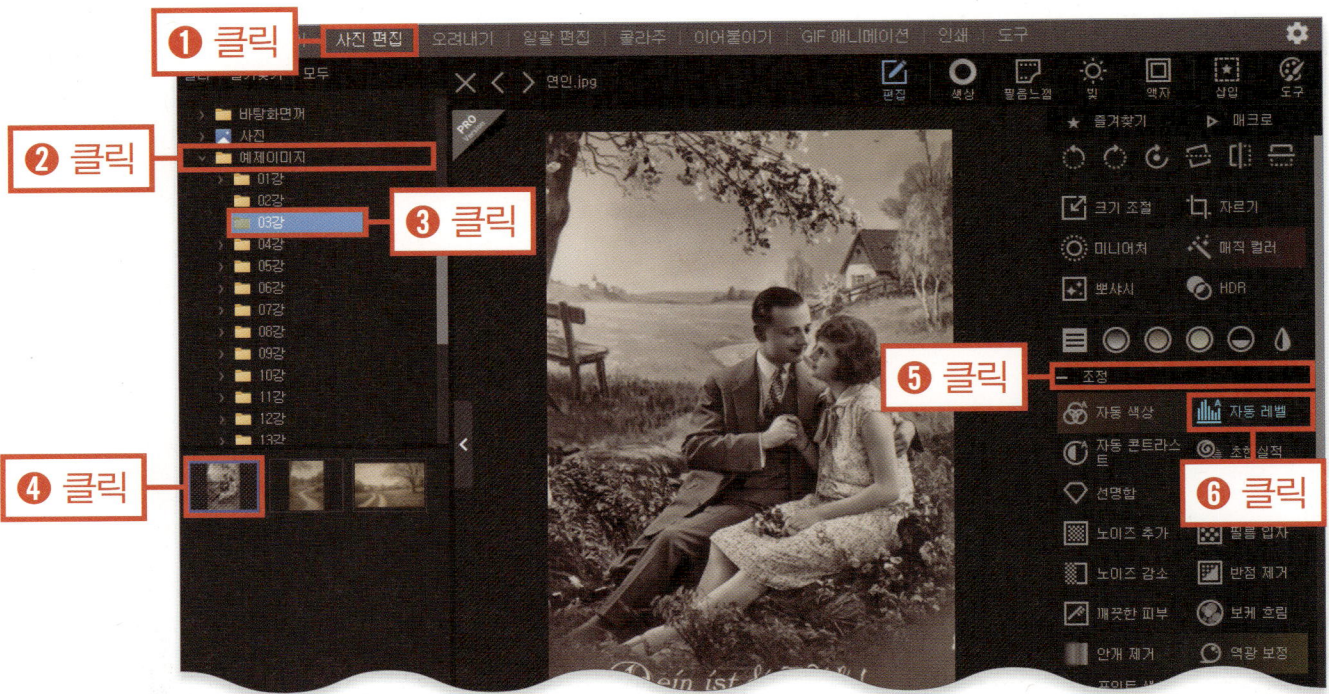

02   '자동 레벨' 대화상자가 나타나면 기본값을 그대로 두고 [적용]을 클릭합니다.

🔖 조금 더 배우기

'임계값'이란 밝기 조절을 적용할 범위를 지정하는 값입니다. 임계값을 높이면 전체적으로 어두워지고, 임계값을 낮추면 어두운 영역의 밝기만 조절할 수 있어 대체적으로 밝아집니다.

03 [편집] 메뉴에서 [조정]의 [노이즈 감소]를 차례대로 클릭합니다. '노이즈 감소' 대화상자가 나타나면 '광도 노이즈'에 '20'을 입력합니다. [적용]을 클릭합니다.

조금 더 배우기

'광도 노이즈'는 사진이 얼룩덜룩하거나 점이 찍힌 것처럼 보이는 현상이고 '색상 노이즈'는 어두운 영역에서 다양한 색상이 뭉쳐 보이는 현상입니다.

STEP 02 　페인트로 사진에 색상 입히기

01 [도구] 메뉴를 클릭한 후 [페인트]를 클릭합니다. '페인트' 대화상자가 나타나면 [추가](🖌)를 클릭한 후 '브러시 크기'를 '10'으로 입력합니다. '색상'은 [단색](▭)을 클릭합니다.

조금 더 배우기

브러시는 크기 변경이 필요합니다. 키보드 [[ ](브러시 크기 작게), [ ]](크게)를 사용하면 편리합니다.

02 '단색' 대화상자가 나타나면 얼굴과 팔 등을 칠하기 위해 피부색과 비슷한 색상(　　　　)을 선택합니다.

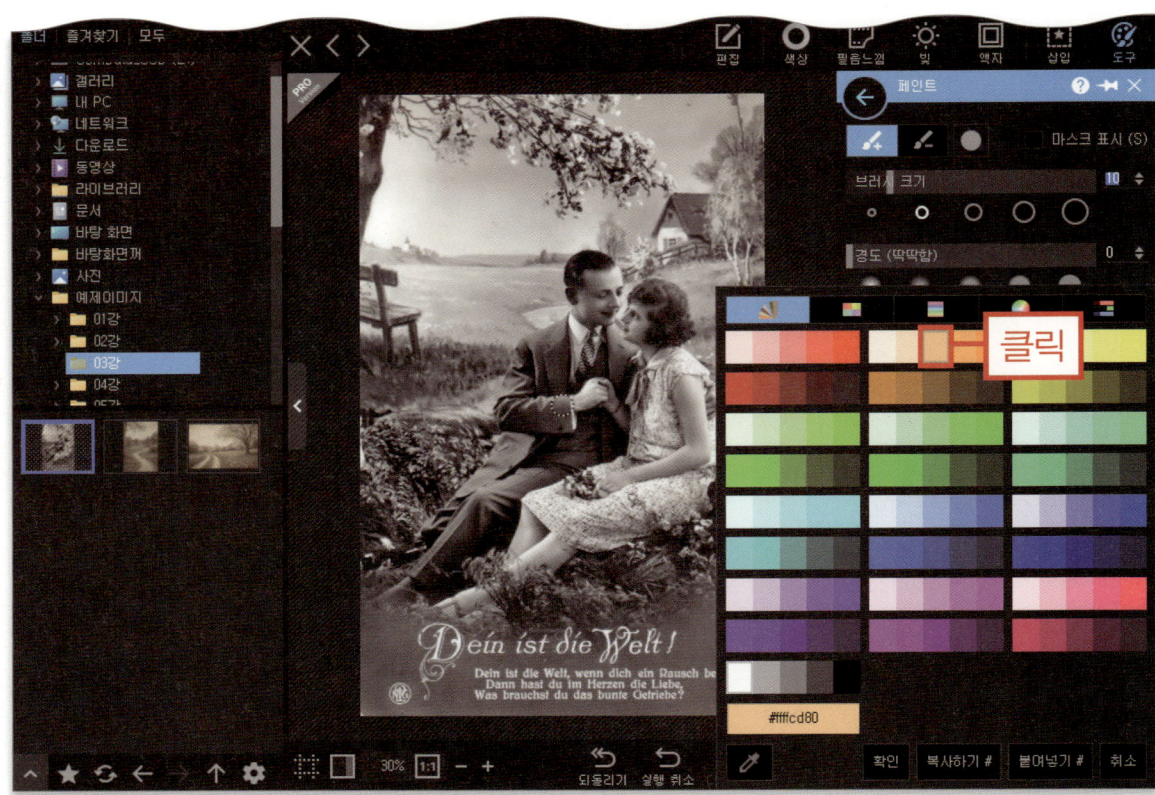

03 자연스럽게 칠하기 위해 '불투명도'는 '10'을 입력합니다. 얼굴과 팔 등을 드래그하여 색상을 칠한 후 [적용]을 클릭합니다.

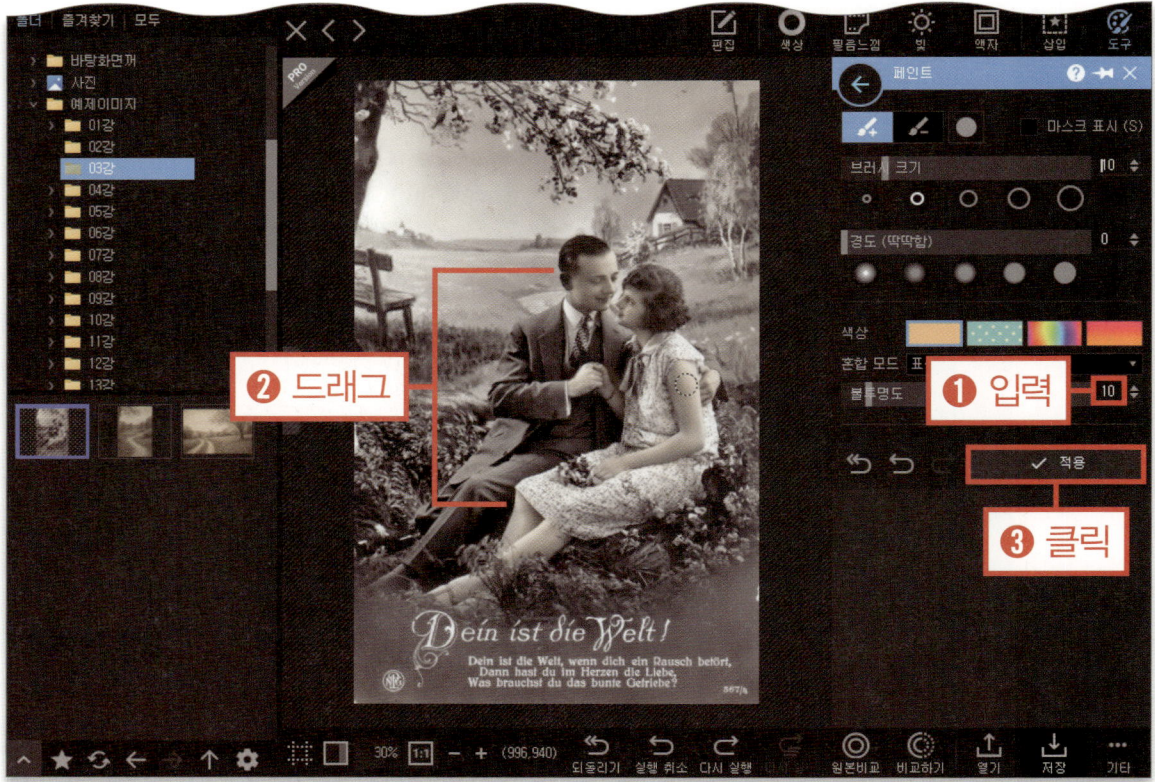

04 하늘을 칠하기 위해 '브러시 크기'는 '30'을 입력하고 '색상'은 파란색 계열 (　　　)을 선택합니다.

05 '불투명도'는 '20'으로 입력한 후 하늘을 드래그합니다. [적용]을 클릭합니다.

조금 더 배우기

색상을 잘못 칠했다면 [실행취소]를 한 후 다시 칠합니다. [되살리기]는 원본 사진으로 되돌아갑니다.

06 들판을 칠하기 위해 '브러시 크기'는 '20'으로 입력하고 '색상'은 녹색 계열( )을 선택합니다. '불투명도'는 '10'을 입력한 후 들판을 드래그합니다. [적용]을 클릭합니다.

07 나무와 지붕 등을 칠하기 위해 [브러시 크기]는 '10'을 입력하고 '색상'은 갈색 계열( )을 선택합니다. [불투명도]는 '10'을 입력한 후 드래그하여 채색합니다. [적용]을 클릭합니다.

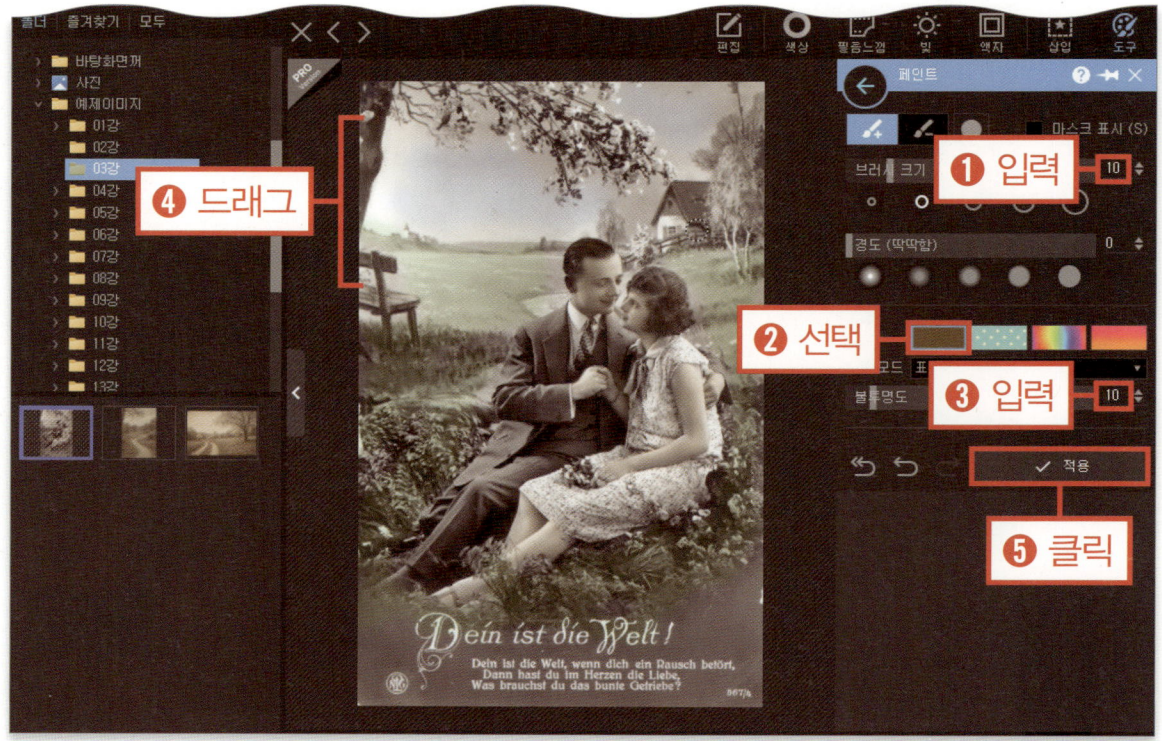

STEP 03 사진에 생동감 주기

01 나머지 필요한 곳에도 같은 방법을 적용합니다. [편집]-[매직 컬러]를 차례대로 클릭합니다. '매직 컬러' 대화상자가 나타나면 [적용]을 클릭합니다.

02 [편집] 메뉴의 [HDR]을 선택합니다. 'HDR' 대화상자가 나타나면 [강도]를 '20'으로 입력한 후 [적용]을 클릭합니다.

조금 더 배우기

입력값은 사진에 따라 다를 수 있으며 직접 값을 조절해 봅니다.

03 복원된 사진을 확인한 후 [저장]을 클릭하여 저장합니다.

조금 더 배우기

[원본비교]를 눌러 원본과 변경된 사진을 비교해 봅니다.

STEP 04 색상 교체로 사진 복원하기

01 [3강] 폴더의 [오솔길.jpg]를 선택합니다. [편집] 메뉴에서 [조정]-[자동 레벨]을 차례대로 클릭합니다. '자동 레벨' 대화상자가 나타나면 [적용]을 클릭합니다.

02 [편집] 메뉴에서 [조정]의 [색상 교체]를 클릭합니다. '색상 교체' 대화상자가 나타나면 [색상 검출]( )을 클릭한 후 풀이 있는 들판을 클릭합니다. '색조' 슬라이드를 녹색 쪽으로 드래그합니다. [채도]는 '40', [밝기]는 '100'을 입력한 후 [적용]을 클릭합니다.

03 다시 [색상 교체]를 클릭합니다. '색상 교체' 대화상자가 나타나면 [색상 검출]( )을 클릭한 후 하늘을 클릭합니다. '색조' 슬라이드를 파란색 쪽으로 드래그합니다. [밝기]는 '100'을 입력한 후 [적용]을 클릭합니다.

04 [편집] 메뉴의 [매직 컬러]를 클릭합니다. '매직 컬러' 대화상자가 나타나면 [적용]을 클릭합니다. 복원된 사진을 확인한 후 [저장]을 클릭하여 저장합니다.

AI를 이용한 오래된 사진의 무손실 복원(https://jpghd.com/kr) 사이트를 이용하면 회원가입 없이 5장을 무료로 복원할 수 있습니다.

혼자서도 만들 수 있어요!

1 [예제이미지]-[3강] 폴더의 [혼_풍경.jpg]을 불러온 후 아래 그림과 같이 복원해 보세요.

hint [편집] 메뉴의 [조정]-[자동 레벨] 적용 → [조정]-[노이즈 감소] 설정 → [도구]-[페인트] 클릭하여 채색 → [편집] 메뉴의 [매직 컬러]-[HDR] 적용

CHAPTER 04 사진에 글씨 넣기, 감성 한 스푼 추가하기

POINT

사진 위에 글씨를 삽입하면서 분위기를 살리고 메시지를 전하는 방법을 배워봅니다.

완성 화면 미리 보기

여기서 배워요!

글꼴 설치 / 텍스트 / 스티커 / 문자 마스크

STEP 01 사진에 글자 넣기

01 '포토스케이프 X' 프로그램을 실행하기 전 [예제이미지]-[4강] 폴더의 [온글잎 대롱체.ttf]와 [아기상어.ttf]를 각각 더블 클릭합니다. [설치]를 클릭하여 글꼴을 설치합니다.

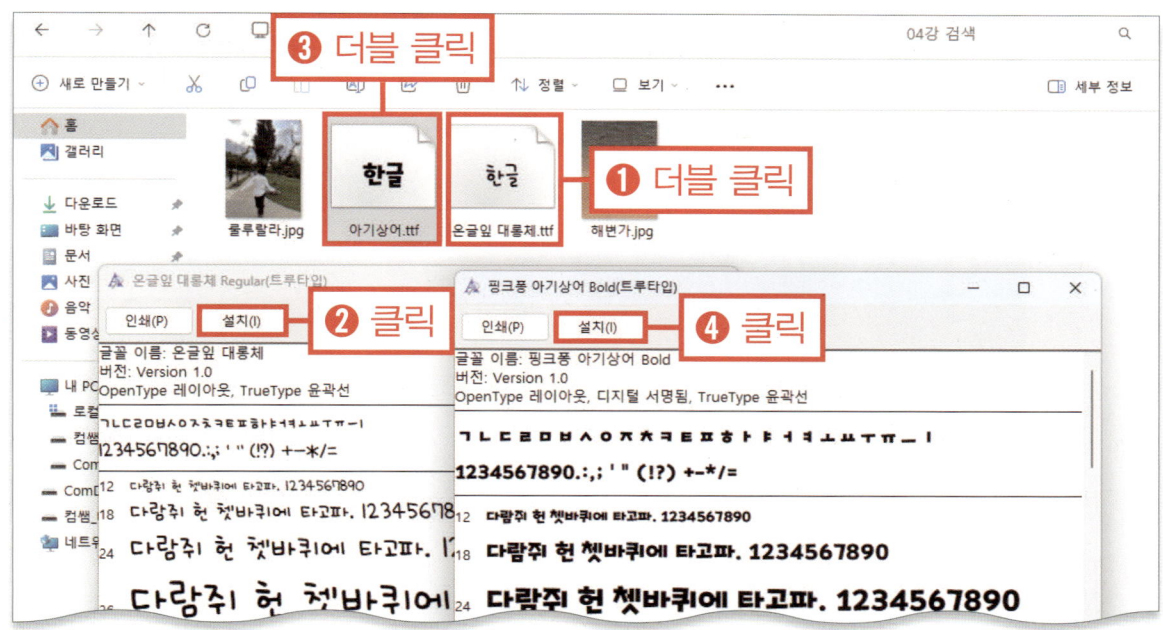

조금 더 배우기

글꼴은 프로그램 실행 전에 설치하여야 바로 사용할 수 있습니다.

02 '포토스케이프 X' 프로그램을 실행합니다. [예제이미지]의 [4강] 폴더에서 [룰루랄라.jpg]를 선택합니다. [삽입] 메뉴를 클릭합니다.

CHAPTER 04 사진에 글씨 넣기, 감성 한 스푼 추가하기 | 35

03 [텍스트]를 클릭한 후 '텍스트' 대화상자가 나타나면 'Text'를 지우고 '룰루랄라~ 빨리 가자..두두두..'를 입력합니다. [글꼴]은 [온글잎 대롱체], [글자 크기]는 '270'으로 설정하고 [글자색]은 [단색](　)을 선택합니다. [각도]는 '-10'을 입력합니다. [외곽선]을 클릭하여 [체크](✓)한 후 [단색](■)을 선택합니다. [두께]는 '20'을 입력합니다.

조금 더 배우기

'각도'는 [회전](⟳)을, '글자 크기'는 [조절점](●)을 이용하면 편리합니다.

04 '텍스트' 대화상자에서 [복제하기](🗐)를 클릭합니다. '나 따라해봐~ 이렇게!!'를 입력하고 [글자 크기]는 '513', [각도]는 '44'로 입력합니다. [변형]을 클릭하여 [체크](✓)한 후 [변형]을 클릭합니다. [뒤틀기]는 [깃발]을 선택하고 [강도]는 '70'으로 입력합니다. [확인]을 클릭합니다.

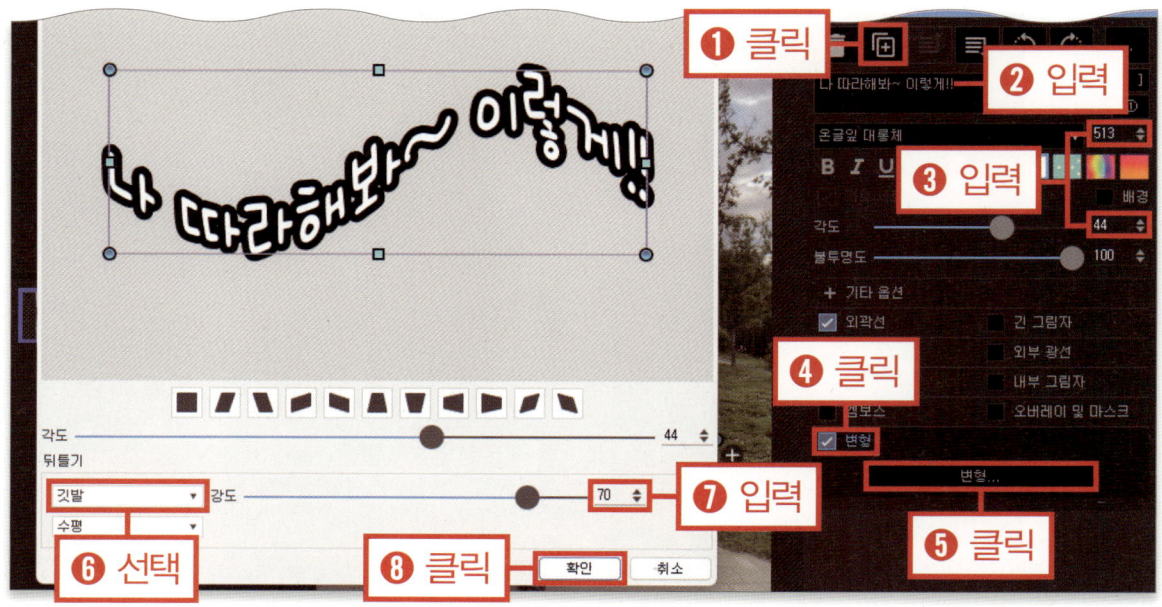

05 아래 그림과 같이 변형된 글자를 배치해 봅니다.

STEP 02 사진에 스티커 넣기

01 [스티커]-[만화]를 차례대로 클릭합니다. 화면을 드래그하여 아래로 이동한 후 [음표](♪♫)-[확인]을 차례대로 클릭합니다.

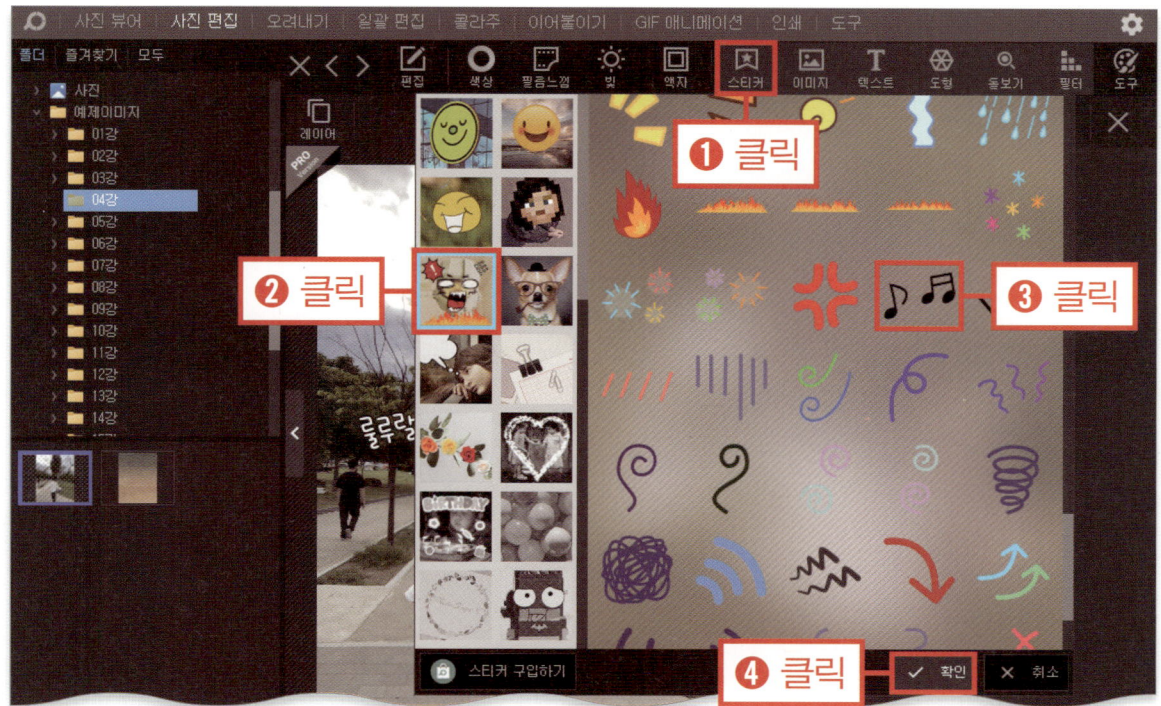

02 스티커를 드래그하여 원하는 위치로 이동시키고 [조절점](◉)과 [회전]을 드래그하여 크기를 설정합니다. '스티커' 대화상자에서 [외곽선]을 클릭하여 [체크](✓)한 후 [단색](　　　)을 선택합니다. [두께]는 '10'을 입력합니다.

03 '스티커' 대화상자의 [복제하기](⊕)를 클릭한 후 [불투명도]에 '69'를 입력합니다. [외곽선]은 [단색](　　　)을 선택합니다. 아래와 같이 위치를 이동시킵니다.

04 [스티커] 메뉴를 클릭한 후 [만화]-[별]( )을 차례대로 클릭하여 아래 그림처럼 배치합니다. [외곽선]은 클릭하여 [체크 해제](■)합니다.

STEP 03 사진에 테두리 넣기

01 [편집] 메뉴를 클릭한 후 [변형]-[테두리 선]을 차례대로 클릭합니다. '테두리 선' 대화상자가 나타나면 [두께]는 '12', [안쪽 여백]은 '70', [불투명도]는 '70'을 입력합니다. '색상'은 [단색](□)으로 선택한 후 [적용]을 클릭합니다. [저장]을 클릭한 후 저장합니다.

STEP 04 문자 마스크 활용하여 글자 만들기

01 [4강] 폴더에서 [해변가.jpg]를 클릭합니다. [편집] 메뉴의 [변형]-[문자 마스크]를 차례대로 클릭합니다.

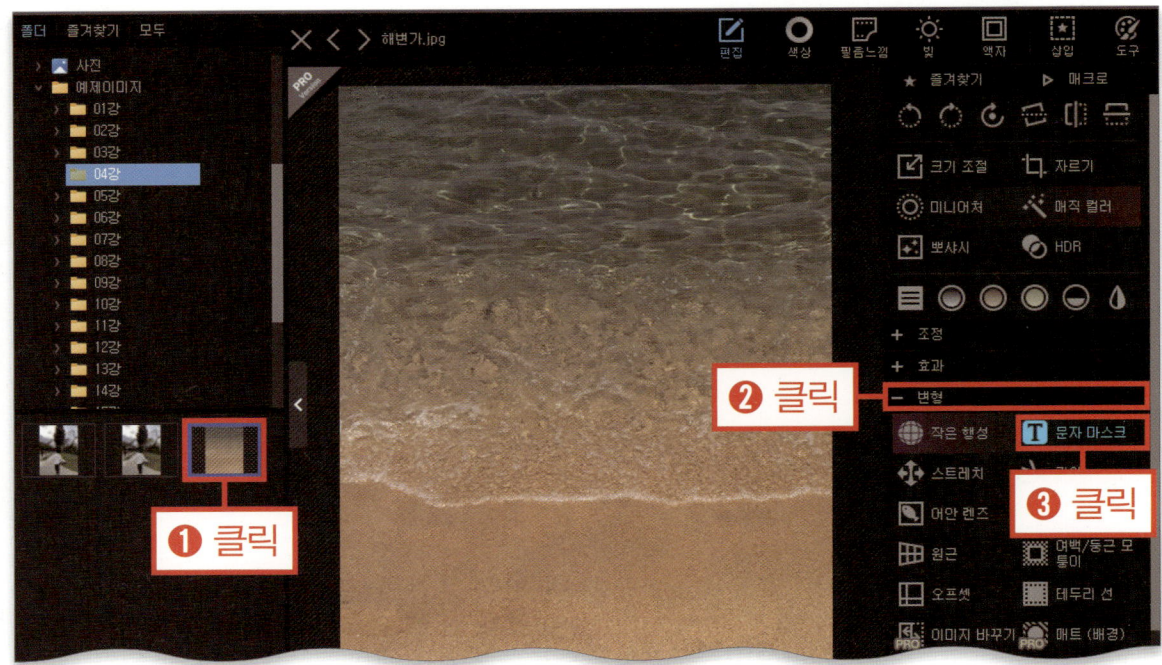

02 '문자 마스크' 대화상자가 나타나면 'Text'를 지우고 '오늘도 Enter↵ Good Day Enter↵'를 입력한 후 키보드의 ⊞+`.`를 누릅니다. '이모지 등' 대화상자가 나타나면 [이모지](☺)-[음식물과 식물](🍕)을 차례대로 누른 후 [네잎클로버](🍀)를 클릭합니다.

02 [글꼴]은 '핑크퐁 아기상어 Bold'를 선택, [줄 간격]은 '-20', [스케일]은 '94', [Y]는 '-10'을 입력하고 [배경]은 [투명]을 클릭합니다. [그림자]를 클릭하여 [체크](☑)한 후 [색상]은 [단색](■), [거리]는 '10', [흐림]은 '20'으로 설정한 다음 [적용]을 클릭합니다.

조금 더 배우기

'X' 값은 글자 위치를 왼쪽, 오른쪽으로 이동시키고 'Y' 값은 위아래로 움직입니다.

03 [저장]-[다른 이름으로 저장]을 차례대로 클릭합니다. '파일 이름'을 '문자마스크'로 입력하고 '파일 형식'을 반드시 'PNG(*.png)'로 선택한 후 [저장]을 클릭하여 저장합니다.

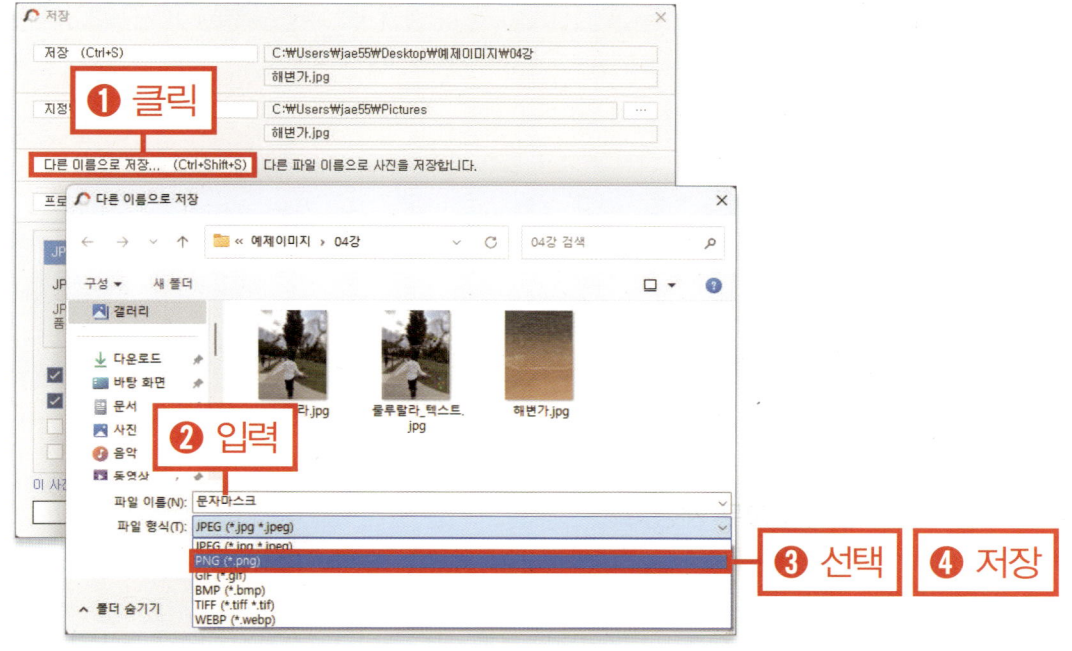

STEP 05   문자와 이미지 합성하기

01   [4강] 폴더의 [해변가.jpg]를 클릭합니다. [삽입]-[이미지]를 차례대로 클릭합니다. [예제이미지]-[4강] 폴더에서 [문자마스크.png]를 선택하고 [열기]를 클릭합니다.

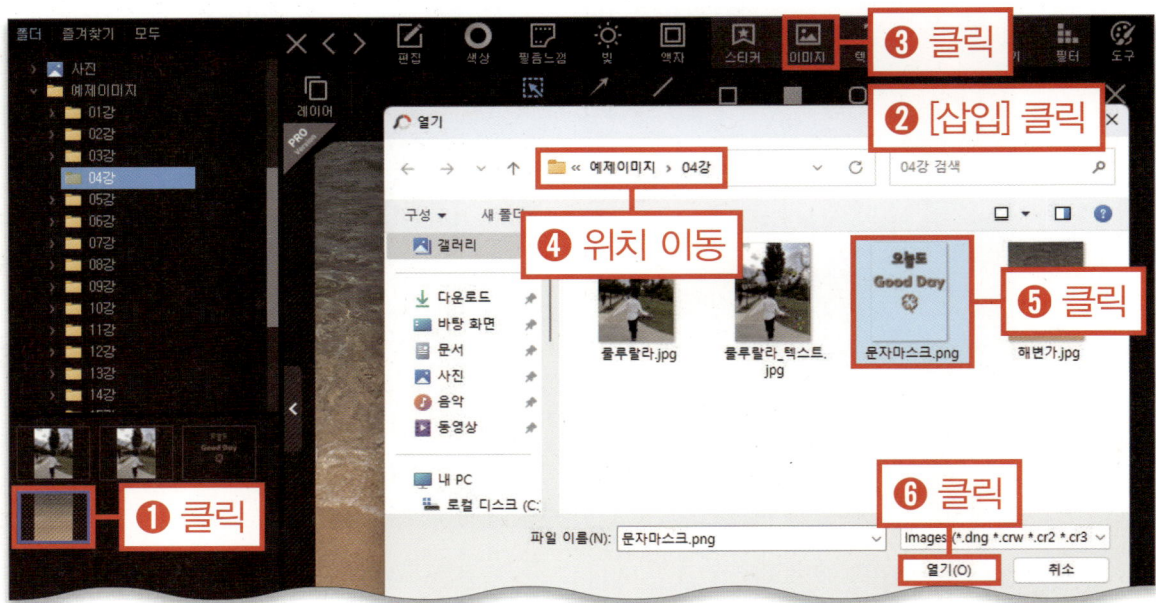

02   [조절점](◉)을 드래그하여 배경 사진과 똑같은 크기로 조절합니다. '이미지' 대화상자에서 [외부 광선]을 클릭하여 [체크](✔)한 후 [두께]는 '1', [흐림]은 '15', [색상]은 (▭), [불투명도]는 '35'로 설정한 후 저장합니다.

 **조금 더 배우기**

'사진 밖으로 벗어난 개체가 모두 저장되도록 사진 크기를 확대해서 저장할까요?' 메시지 창이 나타나면 [아니오]를 선택하고 저장합니다. 삽입된 사진이 배경을 벗어났다는 뜻입니다. 삽입된 사진의 크기를 줄여도 됩니다.

CHAPTER 05 | 멈췄던 작업, 다시 이어서! 프로젝트 저장하기

POINT

편집 중이던 사진을 프로젝트로 저장해 두고 이후에 다시 불러와 이어서 작업하는 방법을 배워봅니다.

완성 화면 미리 보기

여기서 배워요!

프로젝트 저장하기 / 불러오기 / 레이어란?

STEP 01 프로젝트 파일로 저장하기

01 '포토스케이프 X' 프로그램을 실행하기 전 [예제이미지]-[5강] 폴더의 [코트라 희망체.ttf] 글꼴을 설치합니다. '포토스케이프 X' 프로그램을 실행한 후 [예제이미지]-[5강] 폴더의 [고양이.jpg]를 선택합니다. [삽입] 메뉴를 클릭한 후 [이미지]를 클릭합니다.

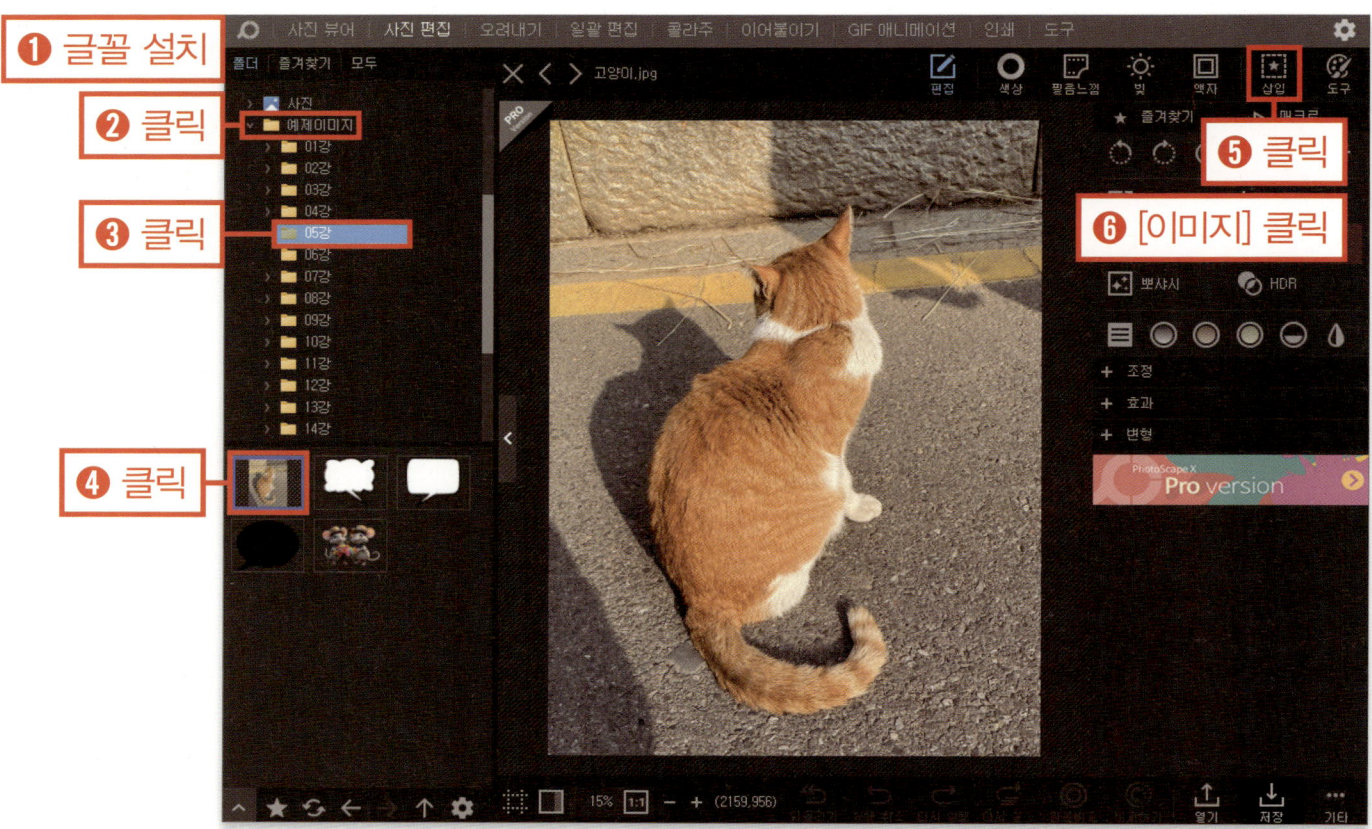

02 [예제이미지]-[5강] 폴더에서 [쥐.png]를 선택합니다. [열기]를 클릭합니다.

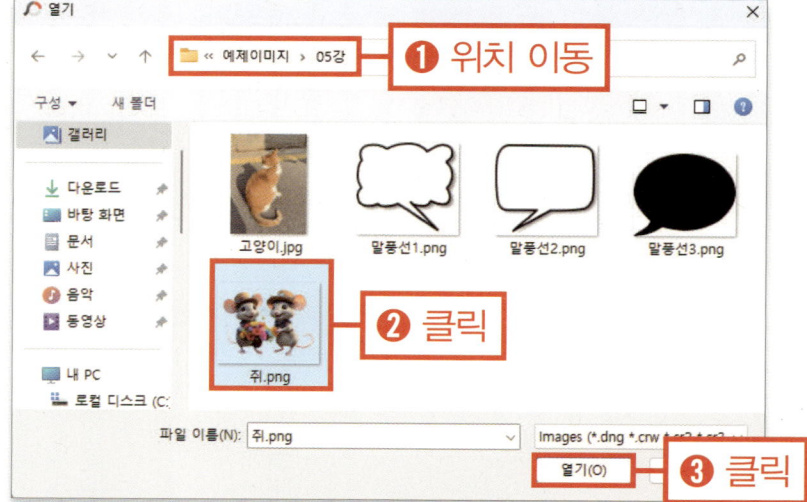

03 삽입된 이미지의 [조절점](◉)을 드래그하여 위치 및 크기를 조절한 후 [저장]을 클릭합니다.

04 [프로젝트 저장]을 클릭한 후 [예제이미지]-[5강]을 선택합니다. '파일 이름'을 '냥이와쥐'로 입력한 후 [저장]을 클릭합니다.

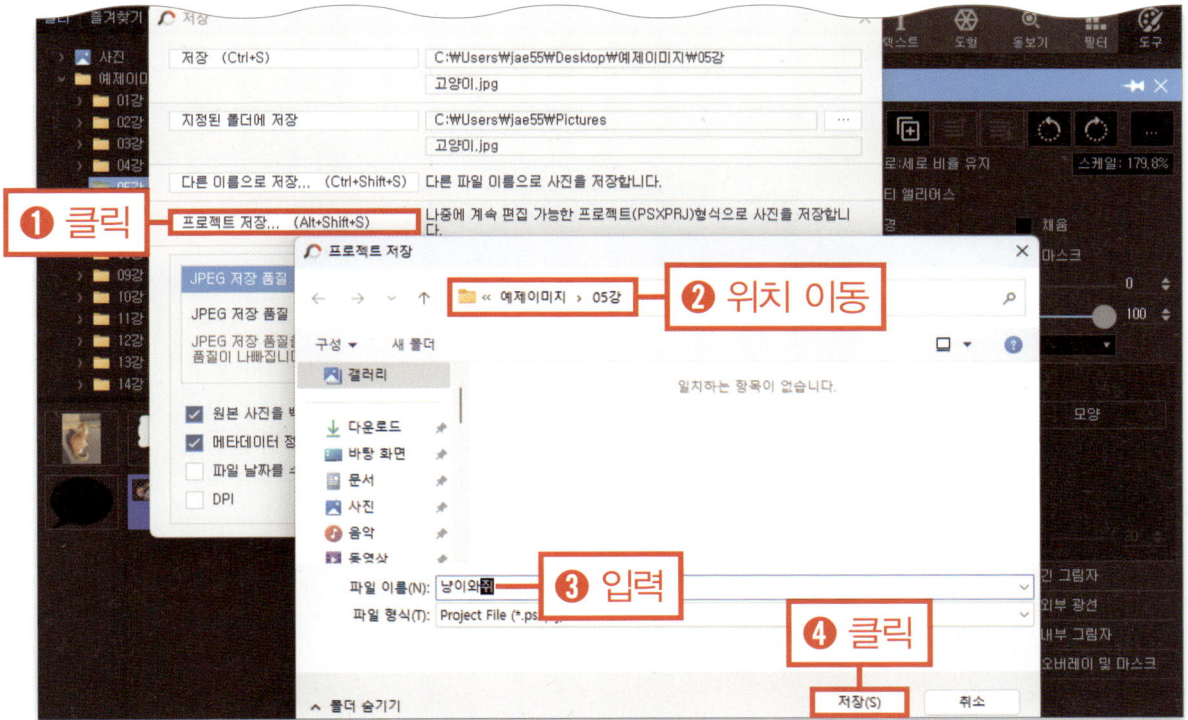

'프로젝트 파일'이란 작업하고 있는 상태를 말하며 수정 편집이 가능한 파일입니다.

STEP 02 저장된 프로젝트 파일 불러와 다시 수정하기

01 [5강] 폴더의 [냥이와쥐.psxprj]를 클릭합니다. [삽입] 메뉴를 클릭합니다.

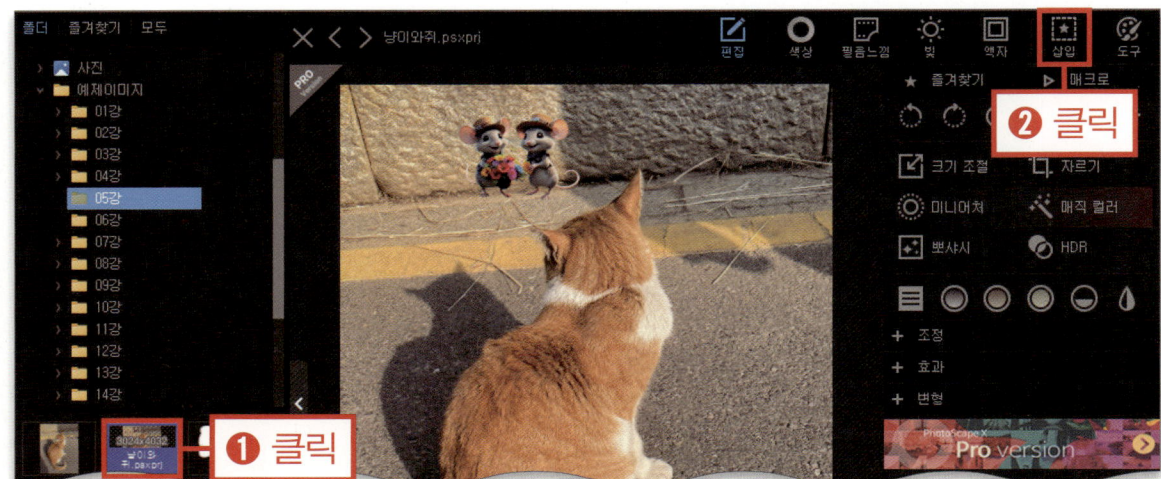

> 💡 **조금 더 배우기**
>
> 사진 위에 마우스 포인트가 위치하면 파일명을 확인할 수 있습니다.

02 [레이어]를 클릭합니다. [5강]의 [말풍선1.png]를 오른쪽 사진 위로 드래그합니다. [레이어]에 [말풍선1.png] 이미지가 추가된 것을 확인합니다. '이미지' 대화상자가 나타나면 [불투명도]는 '70'으로 입력합니다.

> 💡 **조금 더 배우기**
>
> [삽입] 메뉴가 선택되어 있는 상태에서만 드래그로 삽입이 됩니다. 사진을 클릭하면 사진이 변경됩니다.

03 삽입한 [말풍선1.png]를 클릭하여 크기 및 위치를 조절한 후 마우스 오른쪽 버튼을 클릭합니다. [회전]-[상하 뒤집기]를 차례대로 클릭합니다.

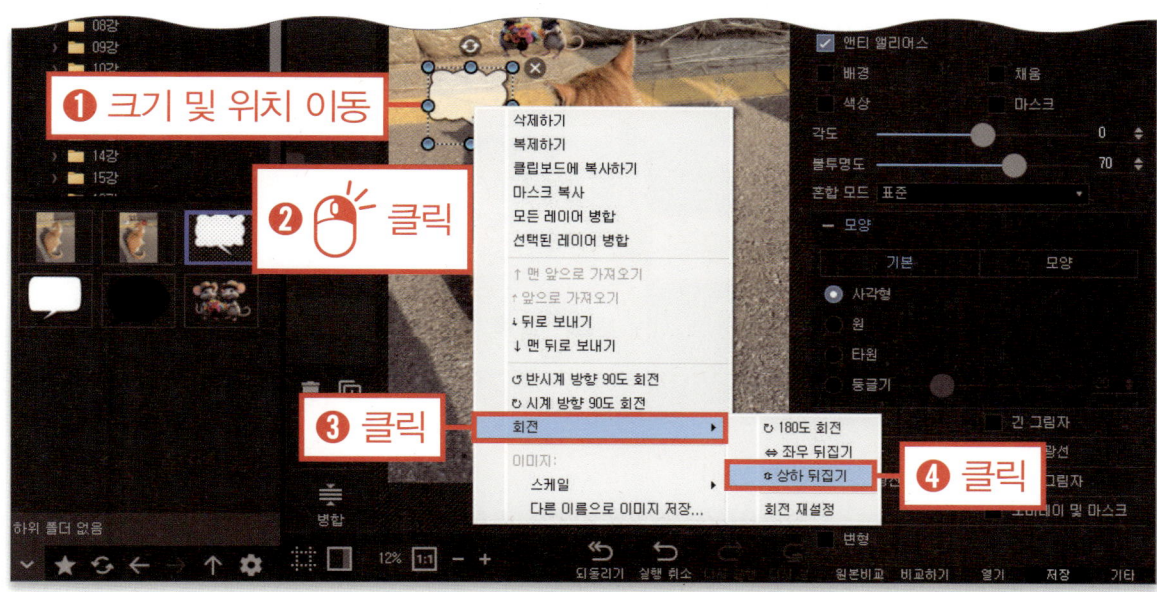

04 [텍스트]를 클릭한 후 '텍스트' 대화상자가 나타나면 '냥이야~ Enter↵ 놀자~'를 입력합니다. [글꼴]은 '코트라 희망체', [글자 크기]는 '165', [글꼴색]은 [단색](■)으로 설정합니다. [기타 옵션]을 클릭하여 [줄 간격]을 '-20'으로 입력합니다. 텍스트를 말풍선 위에 드래그합니다.

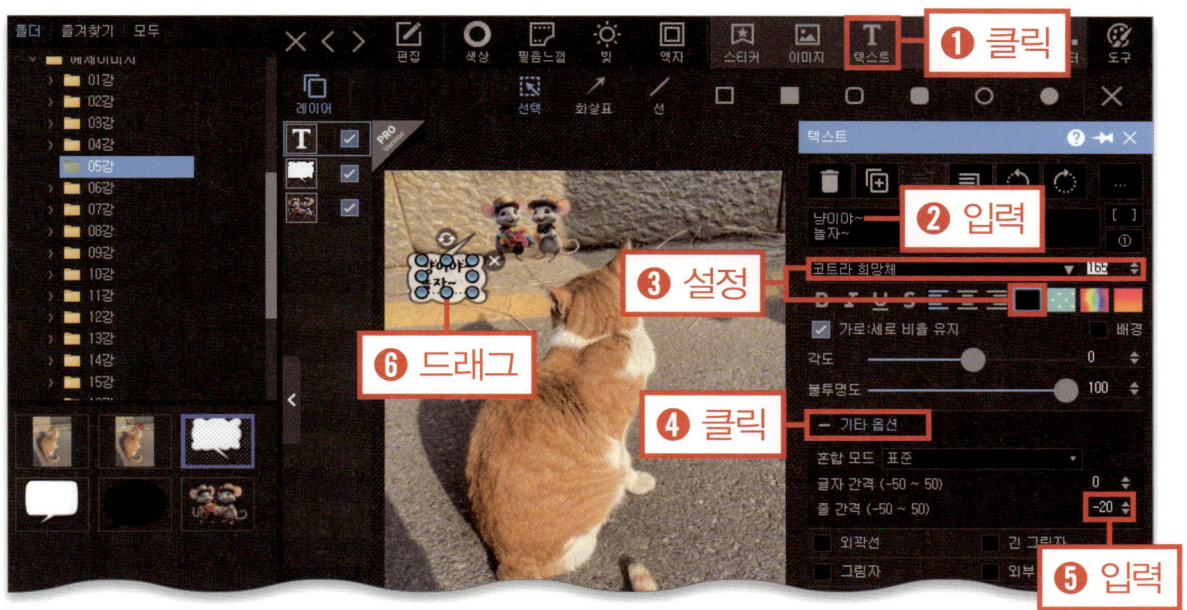

조금 더 배우기

'텍스트'를 먼저 입력하고 '말풍선'을 삽입하면 그림처럼 텍스트가 보이지 않습니다. 레이어를 드래그하여 순서를 변경합니다.

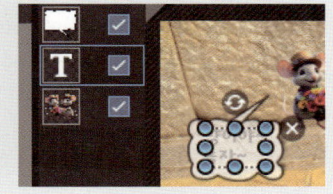

05 [스티커]-[만화]를 차례대로 클릭한 후 [느낌표]()를 더블 클릭합니다.

06 삽입된 스티커의 위치 및 크기를 조절하여 배치합니다.

조금 더 배우기

레이어에 대해 알아봅니다.
'레이어'는 이미지를 여러 층으로 겹쳐서 편집할 수 있게 해주는 기능입니다. 사진에 여러 요소를 겹쳐 합성하거나, 수정하기 어려운 부분을 분리하여 작업하는 등 유연한 이미지 편집이 가능합니다.

07 [저장]-[프로젝트 저장]을 차례대로 클릭합니다. [예제이미지]-[5강] 폴더를 선택하여 '냥이와쥐'로 [저장]합니다. '다른 이름으로 저장 확인' 대화상자가 나타나면 [예]를 클릭합니다.

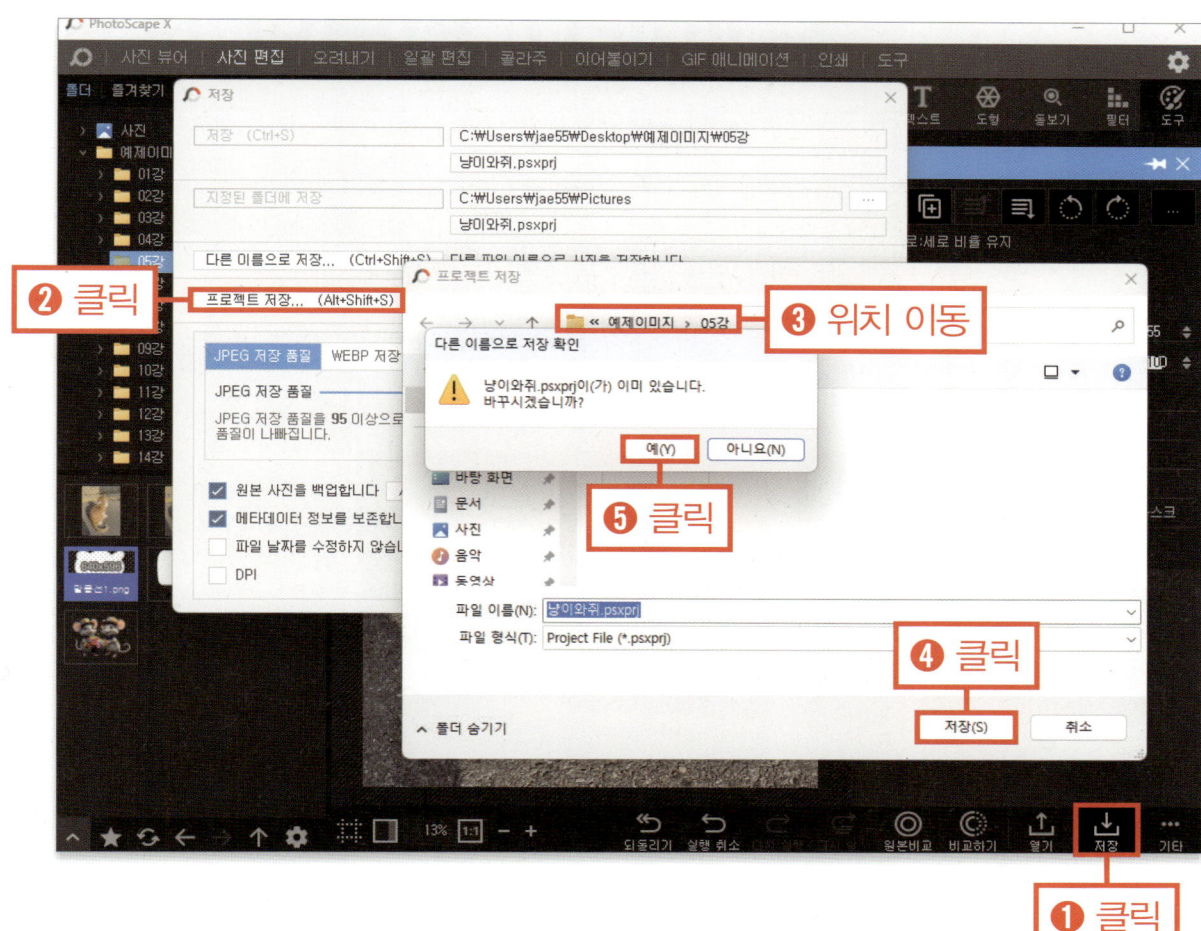

CHAPTER 06 흑백 감성부터 영화 느낌까지, 필터의 세계

POINT

다양한 필터 효과를 적용해 사진 분위기를 색다르게 연출하는 방법을 배워봅니다.

완성 화면 미리 보기

여기서 배워요!

무채화 / 세피아 / 빛 효과

STEP 01 무채화! 흑백 사진 만들기

01 '포토스케이프 X'를 실행합니다. [사진 편집] 탭을 클릭한 후 [예제이미지]-[6강] 폴더에서 [카페1.jpg]를 선택합니다. [편집] 메뉴의 [무채화](◎)를 클릭한 후 [미니어처]를 클릭합니다.

조금 더 배우기

'무채화'는 사진의 색을 모두 없애고 흑백으로 변환하는 기능입니다. 사진이 회색으로 보입니다.

02 '미니어처' 대화상자가 나타나면 사진 위 강조하고 싶은 곳으로 [포인터](✥)를 드래그해 이동한 후 바깥 원의 [조절점](◎)을 드래그하여 반경을 줄여줍니다. [적용]을 클릭합니다.

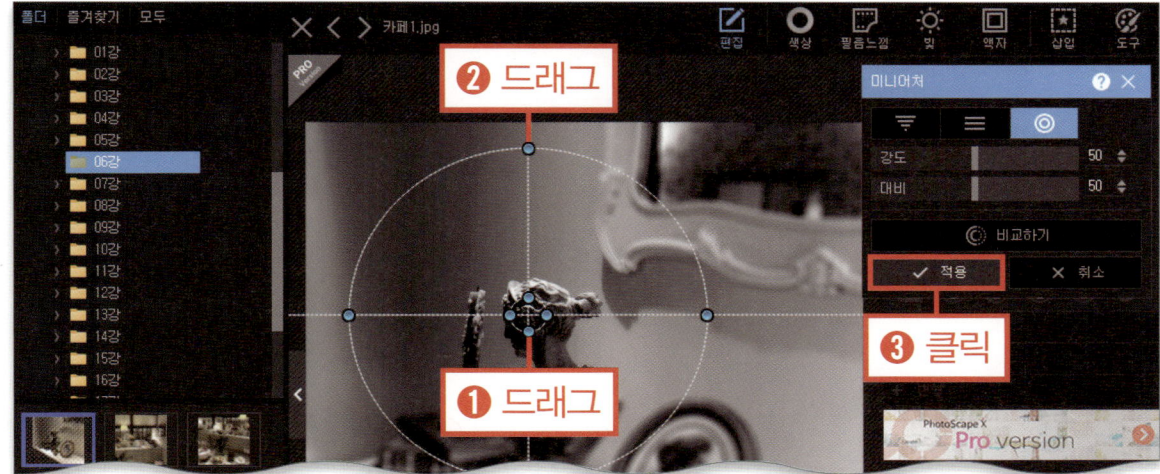

조금 더 배우기

'미니어처'는 사진의 특정 부분을 선명하게 하고 나머지 주변을 흐리게 처리하는 기능입니다.

03 [빛] 메뉴를 클릭합니다. [빛샘(1)] 메뉴의 [007]을 클릭한 후 [적용]을 클릭합니다. [저장]을 클릭하여 저장합니다.

STEP 02 세피아! 갈색톤의 옛날 사진 만들기

01 [6강] 폴더에서 [카페2.jpg]를 클릭합니다. [편집] 메뉴의 [세피아](◉)를 클릭한 후 [미니어처]를 클릭합니다.

 조금 더 배우기

'세피아'는 사진에 갈색 톤을 입혀 옛날 사진처럼 보이게 하는 기능입니다.

02 '미니어처' 대화상자가 나타나면 사진 위 강조하고 싶은 곳으로 [포인터](◉)를 이동한 후 바깥 원의 [조절점](◉)으로 반경을 줄여줍니다. [적용]을 클릭합니다.

03 [빛] 메뉴를 클릭한 후 [보케]-[002]를 차례대로 클릭합니다. 사진 위의 [중심축](◉)을 드래그해 대각선 방향 아래로 이동합니다. [스케일]을 '80'으로 입력한 후 [적용]을 클릭합니다. [저장]을 클릭하여 저장합니다.

CHAPTER 07
계절 분위기 입히기
봄, 여름, 가을, 겨울

POINT

색감과 톤 보정을 통해 사진에 계절감을 담는 방법을 배워봅니다. 따뜻한 봄, 청량한 여름, 감성적인 가을, 포근한 겨울 분위기를 표현합니다.

▌완성 화면 미리 보기

봄　　　여름　　　가을　　　겨울

▌여기서 배워요!

필름느낌 / 색상 / 색상 교체 / 페인트

STEP 01 봄이다!

01 '포토스케이프 X'를 실행합니다. [사진 편집] 탭에서 [예제이미지]-[7강] 폴더의 [여름.jpg]를 선택합니다. 따뜻하면서 산뜻한 느낌의 봄을 표현하기 위해 [필름느낌] 메뉴를 클릭한 후 [필름느낌]에서 [Primavera]를 클릭하고 [적용]을 클릭합니다.

02 [편집]-[HDR]을 차례대로 클릭합니다. 'HDR' 대화상자가 나타나면 [적용]을 클릭합니다. [저장]-[다른 이름으로 저장]을 차례대로 클릭하여 '봄.jpg'로 저장합니다. [되돌리기]를 클릭합니다.

| STEP 02 | 가을이다

01 따뜻하면서 노을빛 느낌을 주는 가을로 변환하기 위해 [필름느낌] 메뉴를 클릭한 후 [필름느낌]에서 [크로스 프로세스]를 클릭하고 [적용]을 클릭합니다.

02 [색상] 메뉴를 클릭합니다. [색온도]는 '5500', [색조]는 '-10'을 입력한 후 [적용]을 클릭합니다.

03 초록 잔디에 노란색의 느낌을 더하기 위해 [편집] 메뉴에서 [조정]-[색상 교체]를 차례대로 클릭합니다. '색상 교체' 대화상자에서 [색추출]( )을 클릭한 후 잔디를 클릭합니다. '색조' 슬라이드를 ( )로 드래그한 후 [적용]을 클릭합니다. [저장]-[다른 이름으로 저장]을 차례대로 클릭하여 '가을.jpg'로 저장합니다. [되돌리기]를 클릭합니다.

STEP 03 겨울이다

01 차갑고 깨끗한 느낌으로 표현하기 위해 [필름느낌] 메뉴를 클릭한 후 [필름느낌]에서 [Cocktail]을 클릭합니다. [적용]을 클릭합니다.

02 차가운 분위기를 위해 [색상] 메뉴를 클릭합니다. [채도]는 '-50', [색온도]의 '입력값'은 최대치인 '15000'을 입력한 후 [적용]을 클릭합니다.

03 [도구] 메뉴를 클릭한 후 [페인트]를 클릭합니다. '페인트' 대화상자에서 [브러시 크기]는 '60', [색상]은 [단색](□), [불투명도]는 '25'로 설정한 후 잔디를 드래그합니다. [적용]을 클릭합니다.

04 [빛] 메뉴를 클릭합니다. [자연]-[Dust 02]를 차례대로 클릭한 후 [적용]을 클릭합니다. [저장]-[다른 이름으로 저장]을 차례대로 클릭하여 '겨울.jpg'로 저장합니다.

CHAPTER 08 셀카를 자연스럽게! 뽀샤시하게!

> **POINT**
>
> 피부 보정과 톤 조절을 통해 자연스럽고 환한 분위기의 사진 만드는 방법을 배워봅니다. 과하지 않게 뽀샤시한 효과를 주어 생기 있고 매력적인 사진으로 완성합니다.

▎완성 화면 미리 보기

▎여기서 배워요!

자동 레벨 / 노이즈 감소 / 점(얼룩) 제거 / 깨끗한 피부 / 자동 색상 / 뽀샤시 / 혼합 브러시

STEP 01 사진 화사하게 하기

01 '포토스케이프 X'를 실행합니다. [사진 편집] 탭에서 [예제이미지]-[8강] 폴더의 [주근깨소녀.png]를 선택합니다. [편집] 메뉴에서 [조정]-[자동 레벨]을 차례대로 클릭합니다. '자동 레벨' 대화상자가 나타나면 [적용]을 클릭합니다.

STEP 02 얼굴 노이즈(잡티) 줄이기

01 Ctrl+마우스 휠 드래그하여 사진을 확대합니다. 얼굴이 잘 보이도록 드래그해 이동합니다. [편집] 메뉴에서 [조정]-[노이즈 감소]를 차례대로 클릭합니다. '노이즈 감소' 대화상자가 나타나면 [광고 노이즈]에 '70'을 입력한 후 [마스크]를 클릭합니다.

을 꾹 누르면 ( )이 됩니다. 화면을 이동할 수 있습니다.

02

[브러시]( )의 [추가]( )를 클릭한 후 [브러시 크기]에 '40'을 입력합니다. [마스크 표시]를 클릭한 후 그림처럼 얼굴 부분을 드래그합니다. [적용]을 클릭합니다.

조금 더 배우기

마스크를 선택하고 드래그하면 빨간색으로 나타났다가 사라집니다. 다시 '마스크 표시'를 클릭합니다. 마스크는 특정 부분에만 효과를 주기 위함입니다.

> **STEP 03** 점(얼룩) 제거하기

01 얼굴을 더 확대한 후 [도구] 메뉴-[점(얼룩) 제거]를 차례대로 클릭합니다. '점(얼룩) 제거' 대화상자가 나타나면 [브러시 크기]에 '3'을 입력합니다. 브러시 크기를 조절하며 제거하고 싶은 점을 클릭합니다. [이전](←)을 클릭합니다.

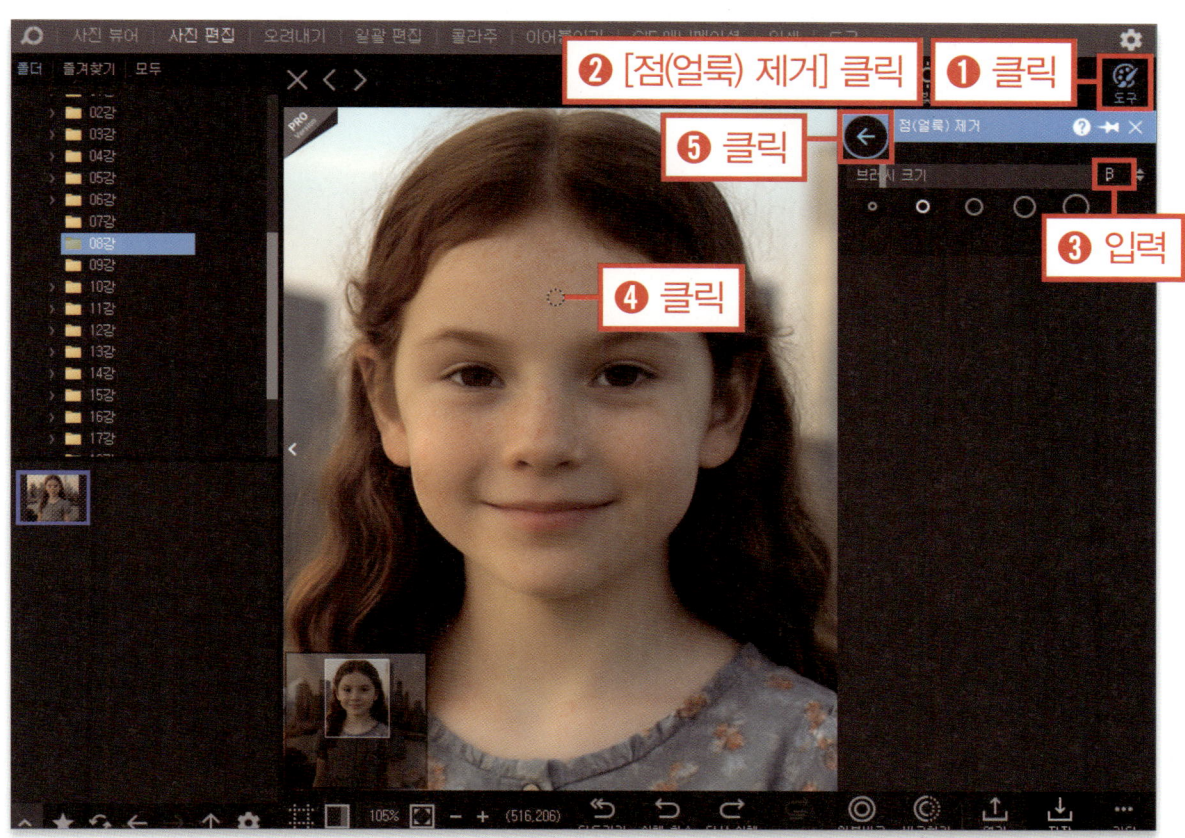

조금 더 배우기

브러시 크기 조절은 `[`, `]`를 사용합니다.
'점(얼룩) 제거'는 브러시 크기를 조절해 점을 찍는 방식으로 얼굴의 작은 잡티 등에 많이 사용되고, '스팟 복구 브러시'는 주변의 질감을 자동으로 샘플링하여 자연스럽게 복구해 주는 방식으로 사진의 로고, 글씨, 큰 얼룩 등에 많이 사용됩니다.

STEP 04 깨끗한 피부 만들기

01 [도구] 메뉴에서 [깨끗한 피부]를 클릭합니다. '깨끗한 피부' 대화상자가 나타나면 [브러시 크기]는 '35', [강도]는 '70'을 입력한 후 얼굴과 목을 드래그합니다. [적용]을 클릭합니다.

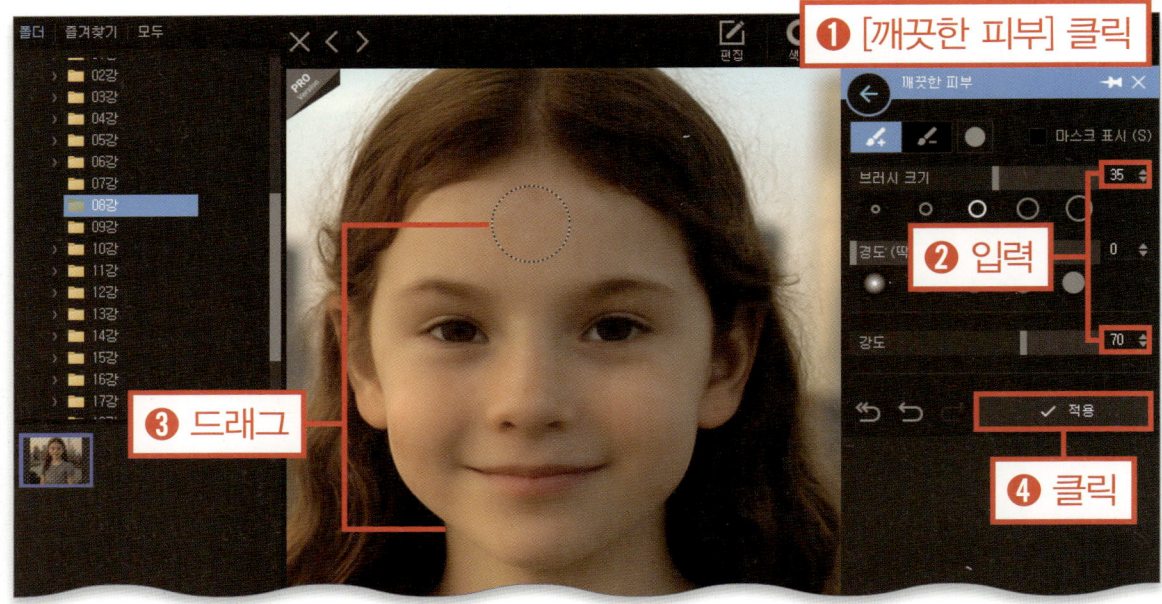

02 하단의 [화면크기맞춤](1:1)을 클릭합니다. [저장]-[다른 이름으로 저장]을 차례대로 클릭하여 '주근깨소녀_깨끗한피부.png'로 저장합니다.

STEP 05 뽀샤시한 얼굴로 만들기

01 다른 방법으로 얼굴을 뽀샤시하게 만들어 보기 위해 [되돌리기]를 클릭합니다. [편집] 메뉴-[조정]을 차례대로 클릭한 후 [자동 색상]을 클릭합니다. '자동 색상' 대화상자가 나타나면 [적용]을 클릭합니다.

02 이번에는 [편집] 메뉴의 [뽀샤시]를 클릭합니다. '뽀샤시' 대화상자가 나타나면 [적용]을 클릭합니다

03 Ctrl+휠 드래그하여 사진을 확대합니다. [도구] 메뉴-[혼합 브러시]를 차례대로 클릭합니다. '혼합 브러시' 대화상자가 나타나면 [브러시 크기]는 '23', [강도]는 '20'을 입력한 후 얼굴에 잡티가 있는 곳을 드래그합니다. [저장]-[다른 이름으로 저장]을 차례대로 클릭하여 '주근깨소녀_혼합브러시.png'로 저장합니다.

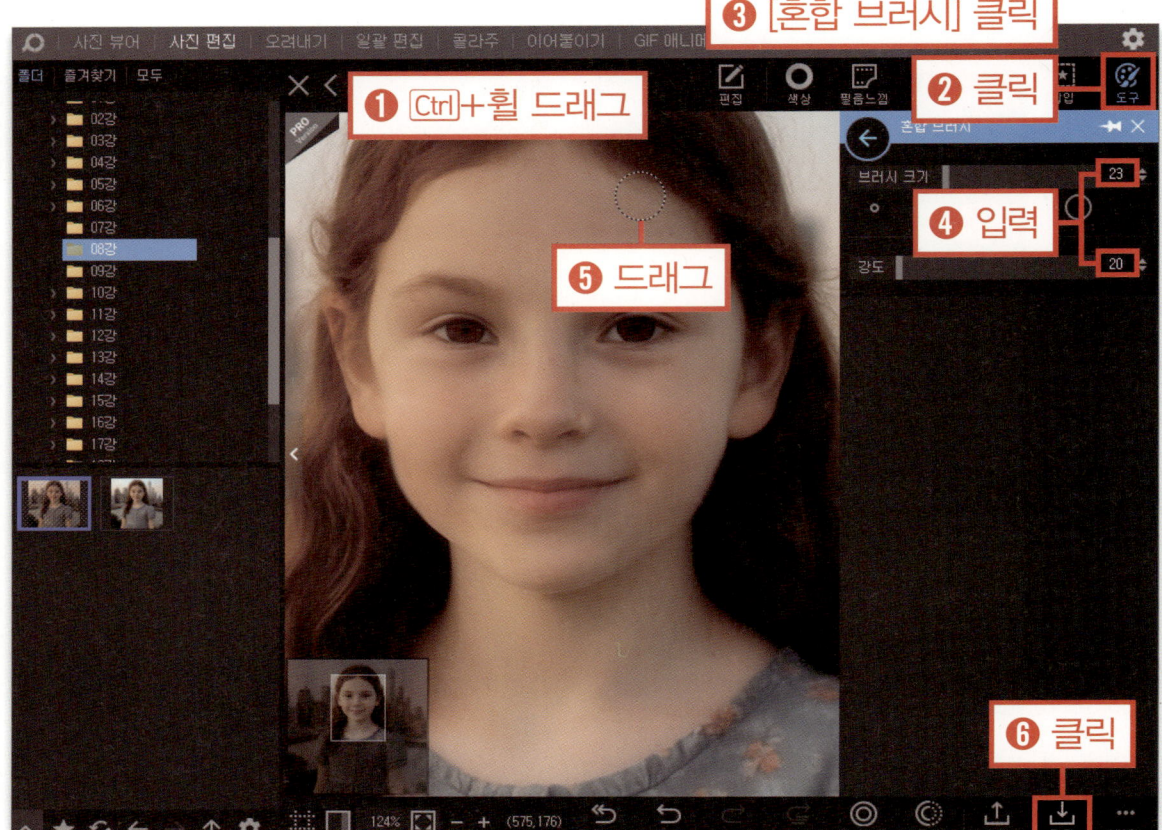

CHAPTER 09 | 필요 없는 부분 쏙! 사진에서 사람 지우기

POINT

사진 속 불필요한 인물이나 물체를 자연스럽게 제거하는 방법과 다양한 도구 기능을 배워봅니다.

▌완성 화면 미리 보기

▌여기서 배워요!

스팟 복구 브러시 / 모자이크 / 페인트 / 픽셀 유동화 / 색상 조정

> STEP 01　스팟 복구 브러시로 감쪽같이 제거하기

01 '포토스케이프 X'를 실행합니다. [사진 편집] 탭을 클릭한 후 [예제이미지]-[9강] 폴더에서 [브이.jpg]를 선택합니다. [도구] 메뉴-[스팟 복구 브러시]를 클릭합니다. '스팟 복구 브러시' 대화상자가 나타나면 [브러시 크기]에 '45'를 입력한 후 [물 위의 사람]을 클릭합니다.

조금 더 배우기

브러시 크기는 지우고 싶은 사물의 크기에 맞춥니다.

02 튜브를 지우기 위해 [브러시 크기]에 '20'을 입력한 후 [튜브]를 클릭합니다.

03 브러시 크기를 조절하며 나머지도 지웁니다. [저장]을 클릭하여 저장합니다.

STEP 02 모자이크로 상표 가리기

01 [9강] 폴더에서 [예쁘게.jpg]를 선택합니다. [도구] 메뉴-[모자이크]를 차례대로 클릭합니다.

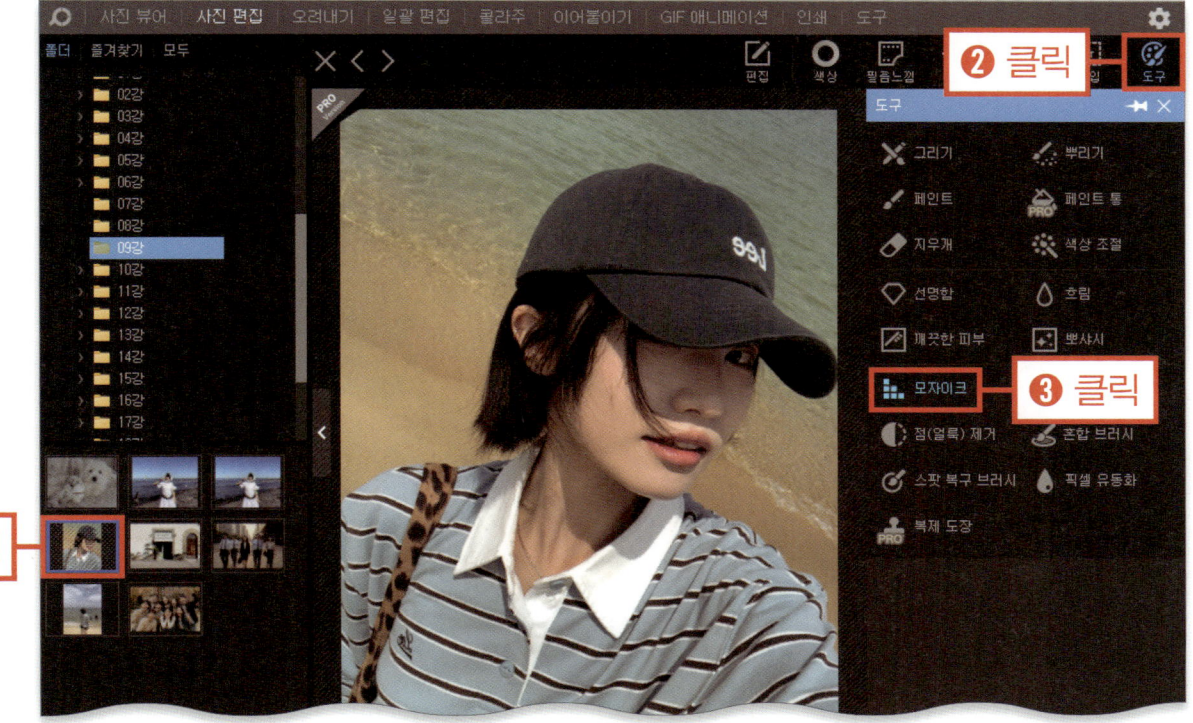

02 '모자이크' 대화상자가 나타나면 [브러시 크기]는 '30', [경도(딱딱함)]은 '50', [강도]는 '30'을 입력합니다. Ctrl+마우스 휠 드래그하여 사진을 확대한 후 모자의 로고를 드래그합니다. [적용]을 클릭한 후 저장합니다.

조금 더 배우기

모자이크의 '강도'는 모자이크 사각형의 크기입니다.

STEP 03 페인트로 카페 이름 지우기

01 [9강] 폴더에서 [카페.jpg]를 선택합니다. 카페 이름(RIVARNO)을 제거하기 위해 [도구] 메뉴-[페인트]를 차례대로 클릭합니다. '페인트' 대화상자가 나타나면 [브러시 모양](●)을 클릭한 후 [사각형](■)을 선택합니다.

02 '페인트' 대화상자에서 [브러시 크기]는 '20', [경도(딱딱함)]은 '100'으로 입력합니다. [색상]의 [단색](▢)을 클릭한 후 [색상 검출](🖉)을 클릭합니다. 카페 이름(RIVARNO)의 배경 부분을 클릭합니다.

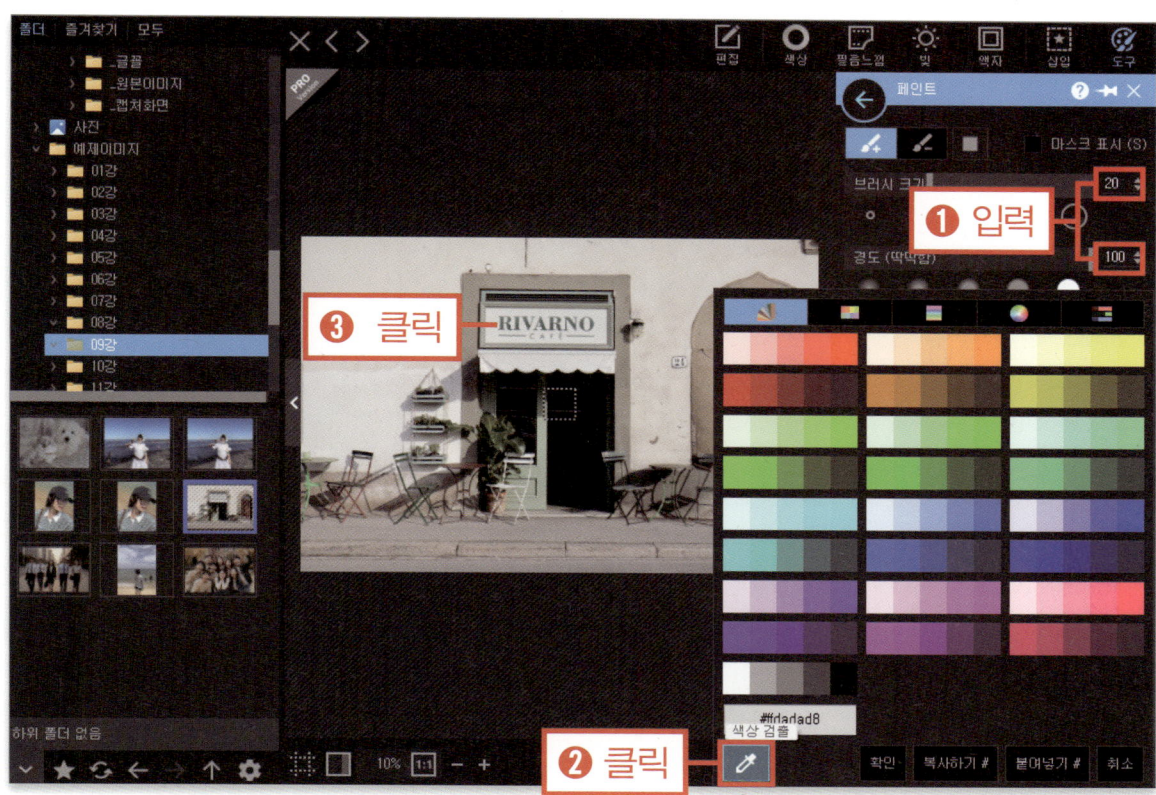

03 사각형의 브러시를 드래그합니다. [저장]을 클릭하여 저장합니다.

CHAPTER 09 필요 없는 부분 쏙! 사진에서 사람 지우기

STEP 04 픽셀 유동화로 눈 크게 하기

01 [9강] 폴더에서 [댕댕이와야옹이.jpg]를 클릭합니다. [도구] 메뉴에서 [픽셀 유동화]를 클릭합니다.

02 '픽셀 유동화' 대화상자가 나타나면 [브러시 크기]에 '25'를 입력합니다. [오목]을 클릭하여 [선택](◉)한 후 강아지 눈을 각각 여러 번 클릭하거나 길게 누릅니다. 강아지 눈이 작아진 것을 확인합니다.

03 이번에는 [볼록]을 클릭하여 [선택](◉)한 후 강아지 눈을 각각 여러 번 클릭하거나 길게 누릅니다. 강아지 눈이 커진 것을 확인할 수 있습니다.

04 [브러시 크기]에 '30'을 입력한 후 [오목]을 [선택](◉)하여 고양이의 턱선을 갸름하게 만듭니다. [적용]을 클릭한 후 [저장]합니다.

STEP 05 색상 조절로 얼굴색 밝게 하기

01 [9강] 폴더에서 [퇴근.jpg]를 선택합니다. [도구] 메뉴에서 [색상 조절]을 클릭합니다. '색상 조절' 대화상자가 나타나면 [브러시 크기]는 '20', [경도(딱딱함)]은 '30'을 입력한 후 사람 얼굴 부분만 드래그합니다.

조금 더 배우기

사람 얼굴을 드래그하면 빨간색 마스크가 그려지며 드래그한 마우스를 놓게 되면 마스크가 사라집니다.

02 사람들 얼굴이 밝아진 것을 확인한 후 [저장]을 클릭하여 저장합니다.

혼자서도 만들 수 있어요!

1 [예제이미지]-[09강] 폴더의 [혼_찰칵.jpg]를 이용하여 아래 그림처럼 모자이크를 만들어 보세요.

hint [도구] 메뉴 클릭한 후 [모자이크] 클릭

2 [예제이미지]-[09강] 폴더의 [혼_뭐지.jpg]를 이용하여 사람을 지워보세요.

hint [도구] 메뉴 클릭한 후 [스팟복구브러시] 클릭

CHAPTER 10
여러 장을 한 장으로! 예쁜 콜라주 만들기

POINT

여러 장의 사진을 조합해 하나의 작품처럼 만드는 방법을 배워봅니다. 다양한 레이아웃을 살펴봅니다.

▎완성 화면 미리 보기

▎여기서 배워요!

콜라주 / 텍스트

STEP 01   레이아웃 선택하기

01 '포토스케이프 X'를 실행하기 전 [예제이미지]-[10강] 폴더에서 [온글잎 신예빈.ttf] 글꼴을 설치합니다. '포토스케이프 X'를 실행한 후 [콜라주] 탭을 클릭합니다. 오른쪽 옵션 창의 (❼)을 클릭한 후 아래와 같은 레이아웃을 선택합니다.

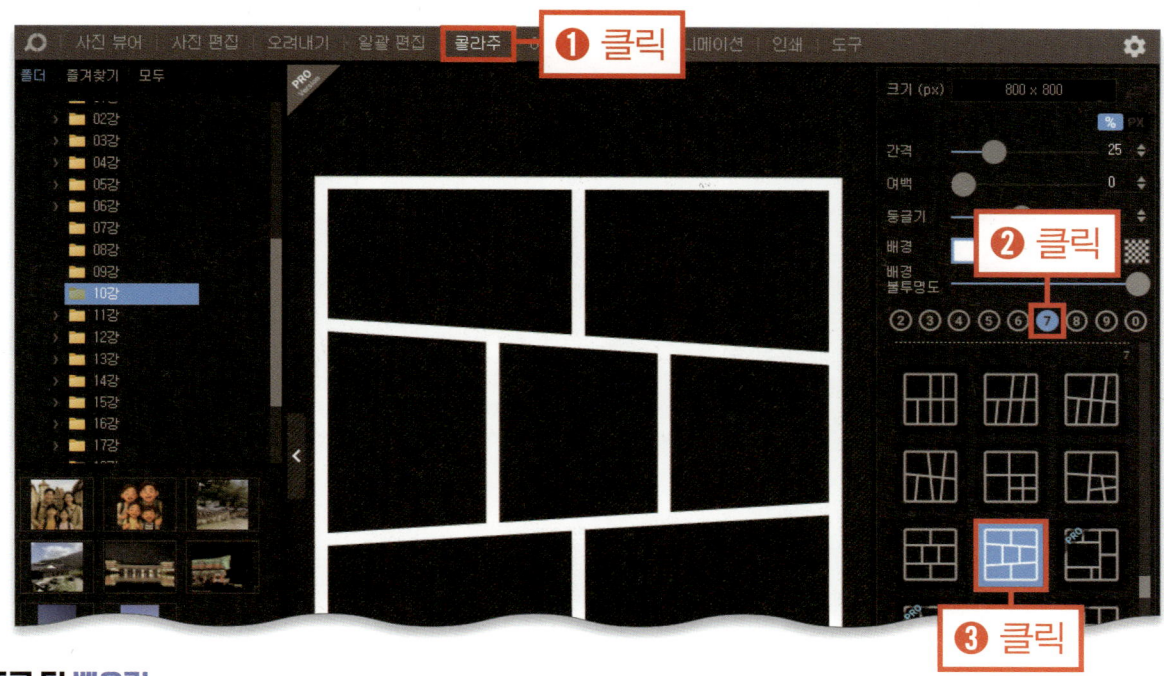

조금 더 배우기

숫자는 사용할 사진 개수입니다.

02 [예제이미지]-[10강] 폴더에서 사진들을 각각 아래 그림과 같이 오른쪽 칸으로 드래그합니다.

CHAPTER 10 여러 장을 한 장으로! 예쁜 콜라주 만들기 | 77

03 레이아웃 칸의 크기 및 모양을 [조절점](●)을 드래그해 변경합니다. 사진 한 장을 클릭한 후 하단에 메뉴가 나타나면 [확대](⬈)를 드래그해 사진의 크기를 조절합니다.

STEP 02 이미지 삽입하기

01 오른쪽 옵션 창 아래에서 [삽입]-[이미지]를 차례대로 클릭합니다. [예제이미지]-[10강]에서 [가족캐릭터.png]를 선택한 후 [열기]합니다.

02 이미지를 아래 그림처럼 배치한 후 '이미지' 대화상자가 나타나면 [외부 광선]을 클릭하여 [체크](✔)합니다. [두께]는 '4', [흐림]은 '25', [색상]은 [단색](▭)으로 설정합니다.

STEP 03 텍스트 삽입하기

01 [삽입]을 클릭한 후 [텍스트]를 클릭합니다. '텍스트' 대화상자가 나타나면 '경주여행'을 입력하고 [글꼴]은 '온글잎 신예빈', [글자 크기]는 '95', [글꼴색]은 [블러 텍스처](▭)를 선택합니다. [외곽선]을 클릭하여 [체크](✔)한 후 [색상]은 [단색]-[검정](▬), [두께]는 '50'으로 입력합니다. [저장]을 클릭하여 저장합니다.

CHAPTER 10 여러 장을 한 장으로! 예쁜 콜라주 만들기 | **79**

CHAPTER 11 | 나만의 도장! 스티커 만들기

POINT

이모티콘을 활용해 나만의 스티커를 만드는 방법을 배워봅니다. 다양한 모양과 꾸미기 효과를 적용해 개성 있는 도장 스티커를 완성합니다.

완성 화면 미리 보기

여기서 배워요!

새로 만들기 / 텍스트 변형 / 저장하기 / 흐트림

STEP 01 투명 배경으로 새로 만들기

01 '포토스케이프 X'를 실행합니다. [사진 편집] 탭을 클릭한 후 [새로 만들기]를 클릭합니다. [가로 폭]과 [세로 높이]에 각각 '500'을 입력하고 [배경]은 [투명](🏁)을 클릭합니다. [확인]을 클릭합니다.

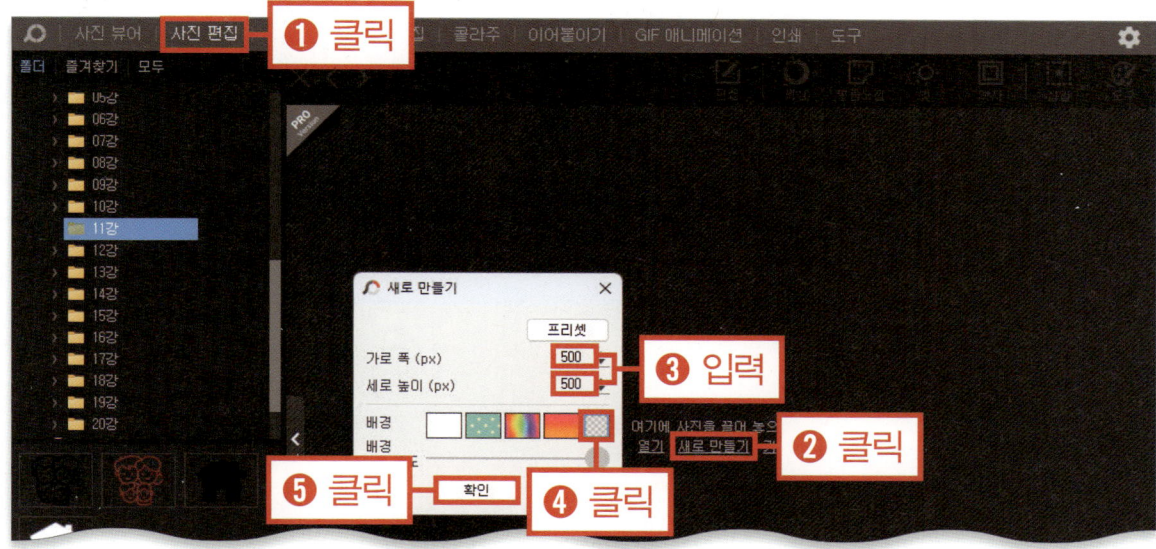

조금 더 배우기

[기타]–[새로 만들기]를 클릭해도 됩니다.

02 하단에 [격자](▦)를 클릭한 후 [테두리](▭)를 선택합니다. [삽입] 탭을 클릭합니다.

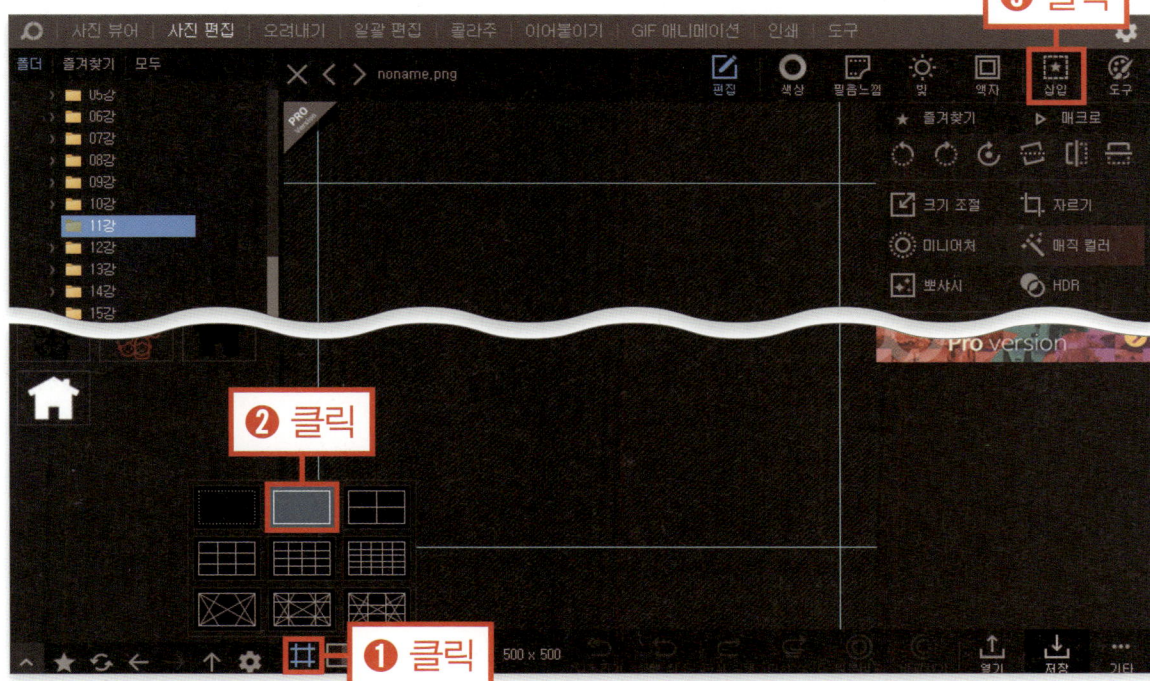

CHAPTER 11 나만의 도장! 스티커 만들기 | 81

03 [테두리 타원](◯)을 클릭합니다. '타원' 대화상자가 나타나면 [색상]에서 [단색](▬▬▬)을 클릭합니다.

04 [두께]에 '25'를 입력한 후 테두리 영역 안에 아래 그림처럼 드래그합니다.

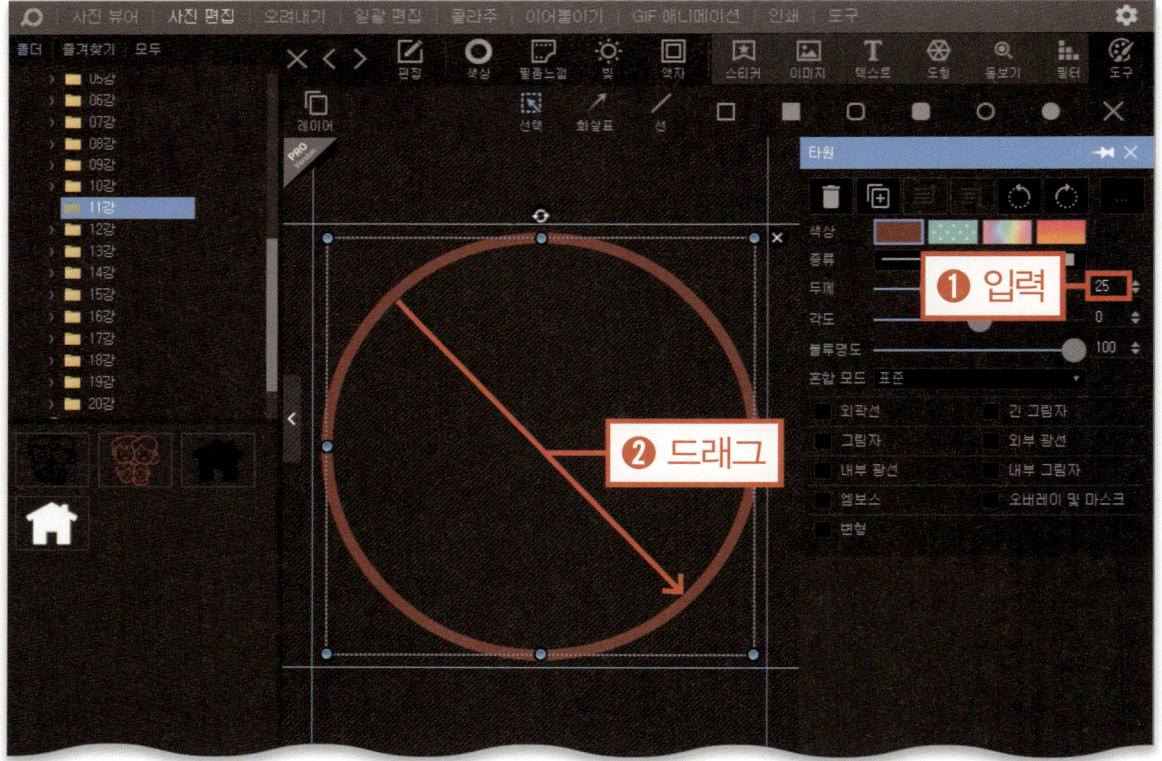

STEP 02 : 텍스트 추가, 변형하기

01 [텍스트]를 클릭한 후 '참! 최고예요~'라고 입력합니다. [글꼴]은 '온글잎 대롱체', [글자 크기]는 '108'로 설정한 후 그림과 같이 드래그하여 이동합니다. [변형]을 클릭하여 [체크](✔)하고 [변형]을 클릭합니다.

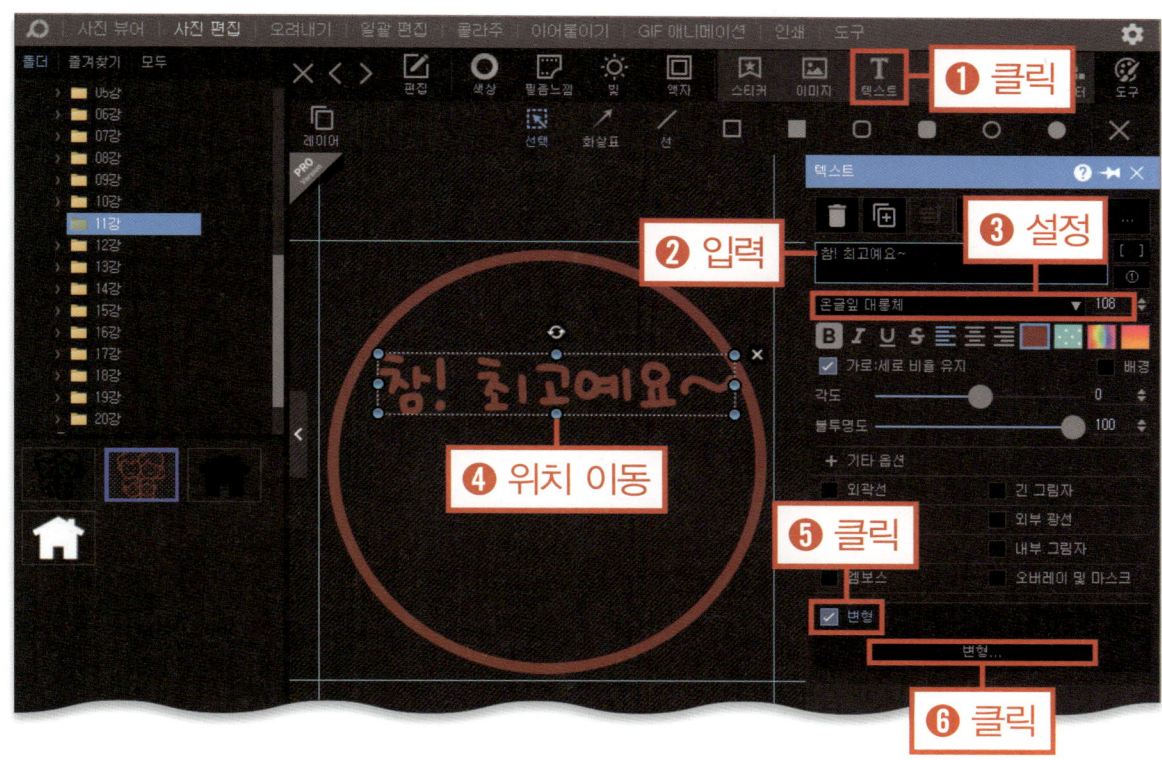

02 '뒤틀기'에서 [아치]를 선택한 후 [확인]을 클릭합니다.

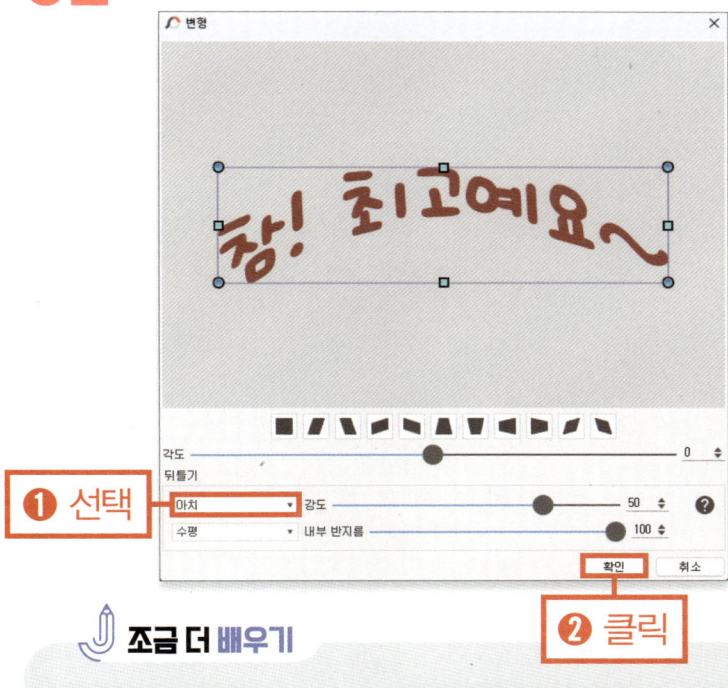

조금 더 배우기

도형과 글자의 모양에 따라 강도를 조절합니다.

03 모양에 맞게 크기 및 위치를 조절합니다. '참! 최고예요~'가 선택된 상태에서 [복제하기]()를 클릭합니다. 복제된 텍스트 내용을 'Good! Good!'으로 수정한 후 [변형]-[변형]을 차례대로 클릭합니다.

04 '뒤틀기'의 [아치]는 그대로 두고 [강도]에 '-70'을 입력한 후 [확인]을 클릭합니다. 모양에 맞게 크기 및 위치를 조절합니다.

STEP 03　클립아트 이미지 삽입하기

01 [11강]의 [가족이모티콘(red).png]를 오른쪽 테두리 안으로 드래그합니다. 그림과 같이 크기 및 위치를 조절합니다.

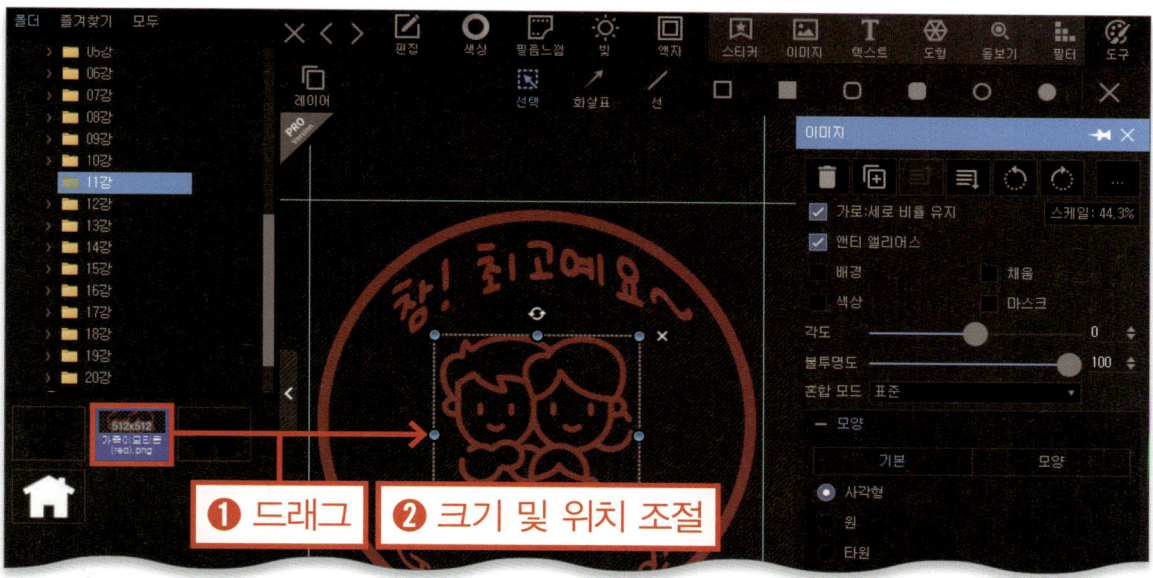

02 [저장]-[다른 이름으로 저장]을 차례대로 클릭합니다. [예제이미지]-[11강]을 선택하고 [파일 이름]에 '도장'을 입력합니다. [파일 형식]은 반드시 'PNG(*.png)'를 선택한 후 [저장]합니다.

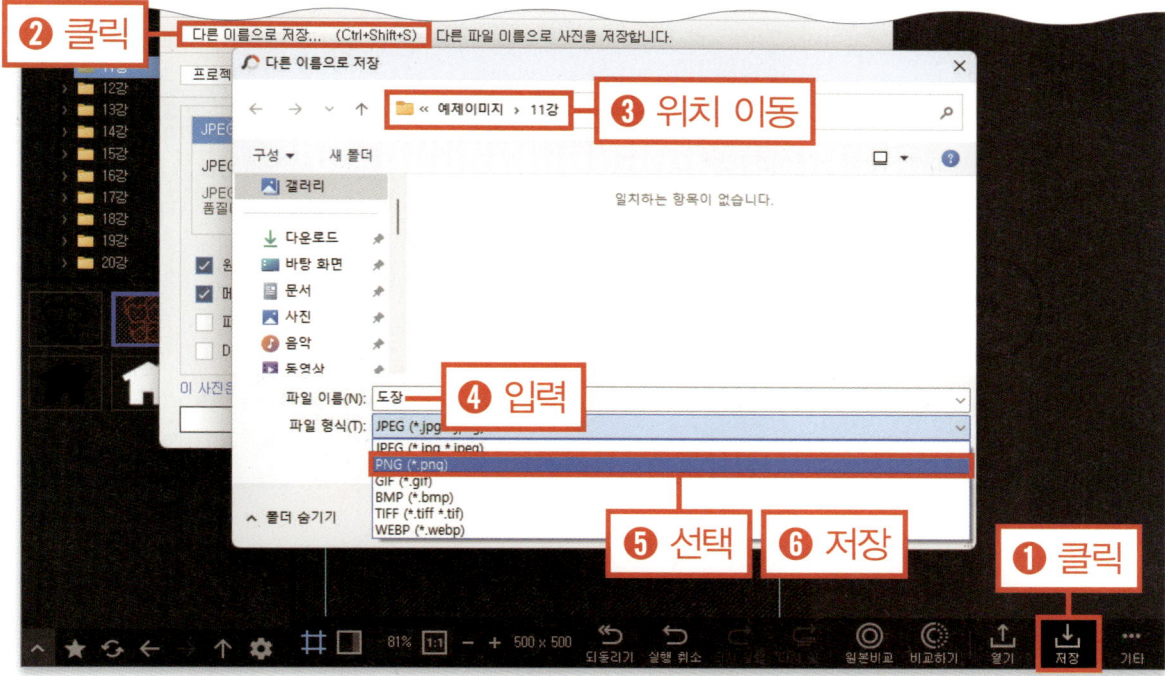

 조금 더 배우기

사진으로 저장하지 않으면 다양한 효과가 적용되지 않습니다.

STEP 04 흐트림 효과 적용하기

01 [11강]에서 [도장.png]를 선택합니다. 도장을 찍을 때 인주가 번지는 효과를 주기 위해 [편집] 메뉴에서 [효과]-[흐트림]을 차례대로 클릭합니다. '흐트림' 대화상자가 나타나면 [강도]에 '28'을 입력한 후 [적용]을 클릭합니다. [저장]을 클릭하여 저장합니다.

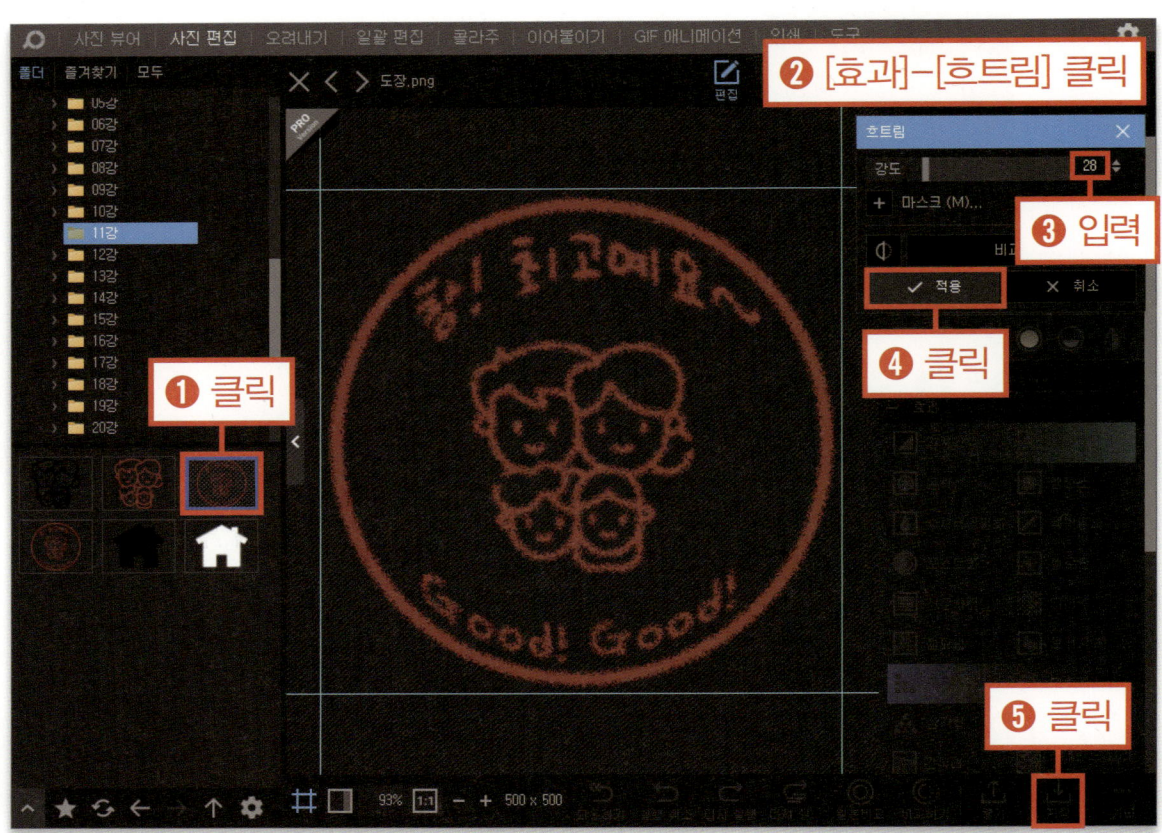

조금 더 배우기

필요한 사진, 클립아트, 글꼴 등을 이용합니다.

저작권 걱정 없이 활용 가능한 무료 리소스 리스트			
분류	사이트	링크	특징 / 사용법
글꼴	Google Fonts	https://fonts.google.com/	무료, 웹·인쇄용 모두 가능, 상업적 이용 가능
	Naver Fonts	https://hangeul.naver.com/2017/fonts	상업적 사용 가능한 무료 한글 글꼴 제공
	Noonnu	https://noonnu.cc/	상업적으로도 이용할 수 있는 글꼴들을 모아 둔 사이트
사진	Unsplash	https://unsplash.com/	고해상도 무료 사진, 상업적 이용 가능, 출처 표기 권장
	Pexels	https://www.pexels.com/	다양한 무료 사진과 영상, 상업적 사용 가능
	Pixabay	https://pixabay.com/	사진·벡터·일러스트, 상업적 사용 가능
	Flickr	https://www.flickr.com/	CC 라이선스 필터로 상업적 이용 가능 사진 검색 가능
클립아트/아이콘	Flaticon	https://www.flaticon.com/	무료 아이콘 제공, 출처 표기 필요
	Iconfinder	https://www.iconfinder.com/	무료/유료 아이콘 제공, 필터로 상업적 이용 가능 선택
	Openclipart	https://openclipart.org/	모든 클립아트 퍼블릭 도메인, 자유롭게 사용 가능
	Freepik	https://www.freepik.com/	벡터, PSD, 아이콘, 사진 제공, 상업적 사용 시 출처 표기 필요

혼자서도 만들 수 있어요!

1 아래 그림과 같이 '주황색으로 채워진 원형'을 이용하여 로고를 만들어 보세요.

hint [새로 만들기(500×500)] 클릭 → [삽입]-[채워진 원형] 클릭 → [이미지(홈(white))] → [텍스트(My House)] 입력-[이미지(가족이모티콘(black))] 선택

2 아래 그림과 같이 '테두리가 블러 텍스처로 채워진 원형'을 추가해 보세요.

hint [레이어]에서 [채워진 원형] 체크 없애기 → [삽입]-[둥근 사각형] 클릭한 후 [색상]에서 [블러 텍스처] 선택

CHAPTER 12
평면을 넘어서! 사진에 3D 효과 주기

> **POINT**

사진에 입체감과 깊이를 더해 생동감 있는 이미지를 만드는 방법을 배워봅니다. 간단한 편집만으로 평면 사진을 돋보이게 하는 3D 효과를 적용합니다.

완성 화면 미리 보기

여기서 배워요!

테두리 / 3D 평면 / 어안 렌즈

STEP 01   3D 평면으로 효과주기

01 '포토스케이프 X'를 실행합니다. [사진 편집] 탭을 클릭한 후 [예제이미지]–[12강] 폴더에서 [능소화.png]를 클릭합니다. [액자] 메뉴–[테두리]를 차례대로 클릭합니다. 4번째 [사각형](■)을 선택한 후 [여백](■)에 '2'를 입력합니다. [배경]은 [단색](□) 그대로 변경하지 않고 [합치기]를 클릭합니다.

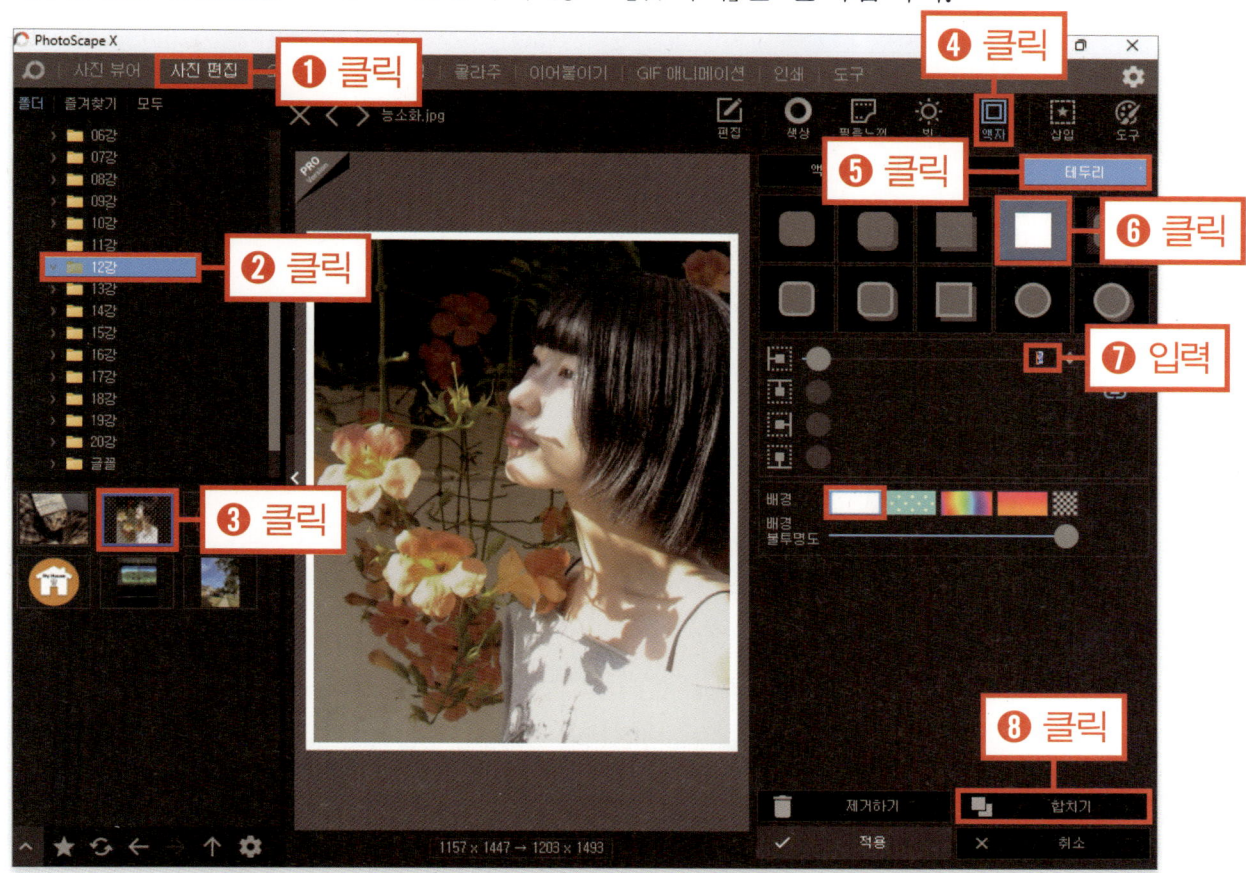

 조금 더 배우기

합치기를 하지 않으면 사진에만 효과가 적용됩니다.

02 [편집] 메뉴를 클릭합니다. [변형]-[3D 평면]을 차례대로 클릭합니다. 2번째의 (▱)를 선택합니다. [왼쪽:강도]는 '100', [왼쪽:밸런스]는 '50', [오른쪽:강도]는 '50', [오른쪽:밸런스]는 '-100'을 입력한 후 [적용]을 클릭합니다.

03 [삽입] 탭을 클릭합니다. [도장.png]를 오른쪽 화면으로 드래그한 후 크기 및 위치를 아래와 같이 배치합니다. [저장]을 클릭하여 저장합니다.

STEP 02   어안 렌즈로 재미있는 표정 만들기

01   [12강] 폴더에서 [고양이.png]를 클릭합니다. [편집] 메뉴에서 [변형]-[어안 렌즈]를 차례대로 클릭합니다.

02   '어안 렌즈' 대화상자가 나타나면 [강도]에 '70'을 입력합니다. [조절점](◉)을 그림과 같이 이동한 후 [적용]을 클릭합니다.

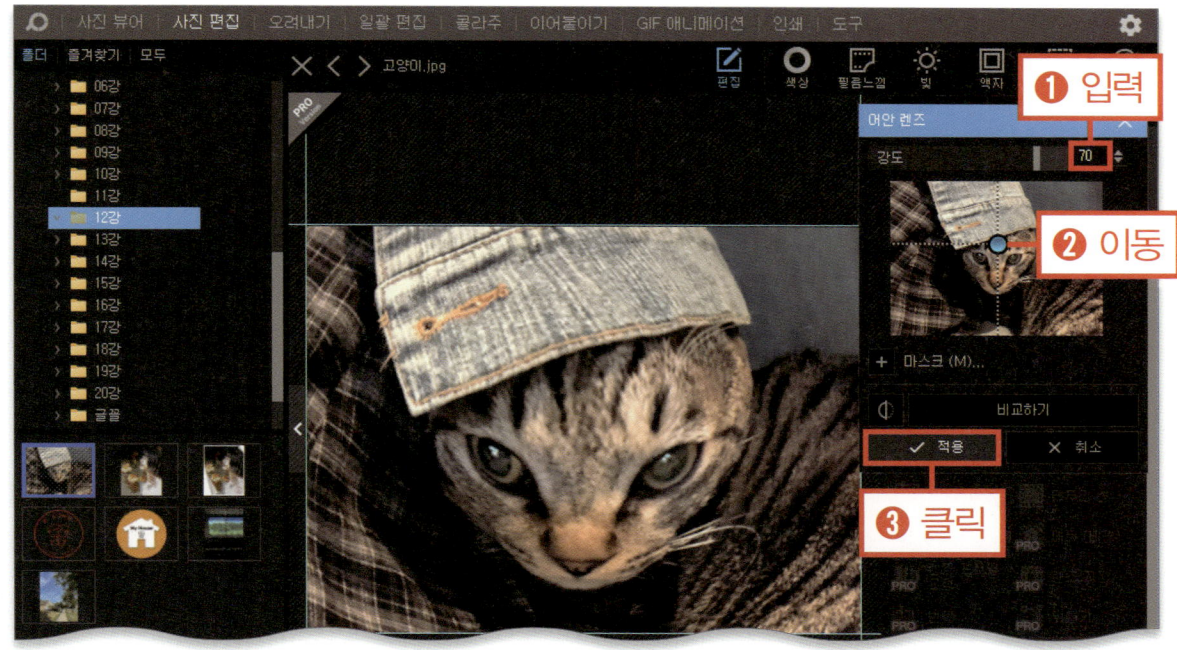

조금 더 배우기

[조절점](◉)의 위치에 따라 재미난 표정을 만들 수 있습니다.

혼자서도 만들 수 있어요!

1 [예제이미지]-[12강] 폴더의 [혼_풍경.jpg]를 이용하여 아래 그림처럼 [3D 평면]을 적용해 보세요.

> **hint** [편집] 메뉴에서 [변형]-[3D 평면] 클릭 → [3번째](■) 클릭하고 '강도(70)', '진폭(30)' 설정 → [삽입] 메뉴에서 [이미지(혼_house)] 선택

2 [예제이미지]-[12강] 폴더의 [혼_기차안.jpg]를 이용하여 아래 그림처럼 수정해 보세요.

> **hint** [편집] 메뉴에서 [변형]-[가위] 클릭 → 아래에서 [7번째](■) 선택한 후 '위치(76.94)', '가로 폭(43.48)', '거리(0)' 설정

CHAPTER 13 | 섬네일, 한눈에 끌리는 스타일로 만들기

POINT

시선을 사로잡는 섬네일 디자인의 기본과 효과적인 사진 배치 방법을 배워봅니다. 간단한 편집으로 클릭을 유도하는 매력적인 이미지를 완성합니다.

완성 화면 미리 보기

여기서 배워요!

배경 지우기 / 텍스트 / 스티커

STEP 01 사진 배경 지우기

01 [크롬](🌐)을 실행합니다. 주소표시줄에 'remove.bg'를 입력한 후 Enter를 누릅니다. [이미지 업로드]를 클릭한 후 [예제이미지]-[13강]의 [인물.jpg]를 더블 클릭합니다.

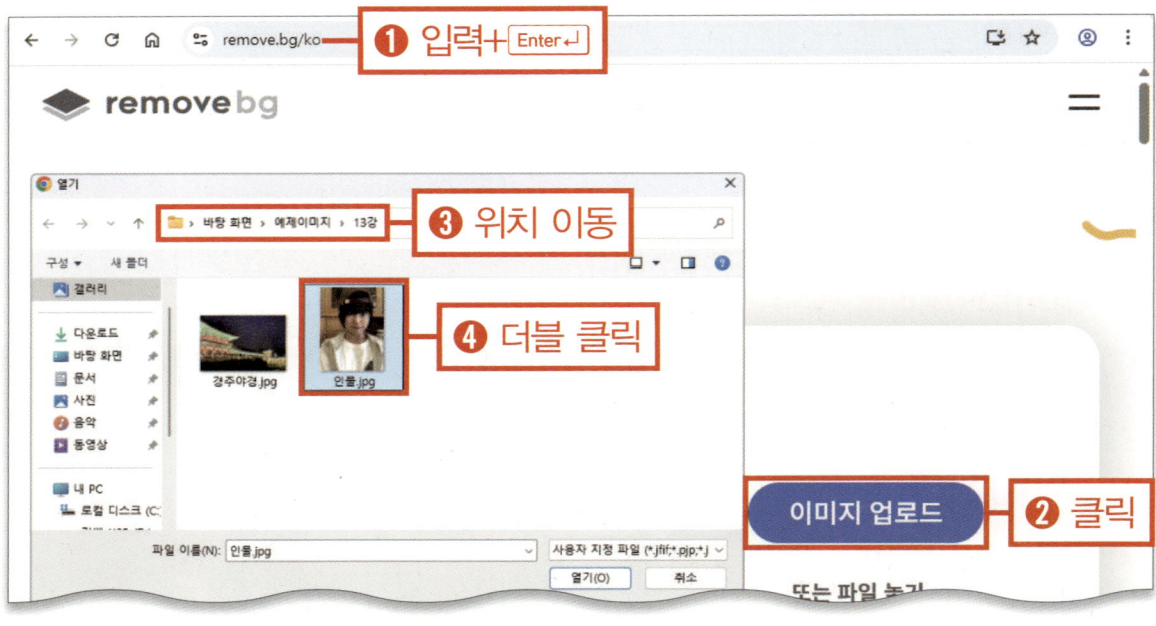

> **조금 더 배우기**
>
> '포토스케이프 X'의 [오려내기]로 할 수도 있습니다.

02 배경이 지워진 것을 확인합니다. [다운로드]-[무료]를 차례대로 클릭한 후 [예제이미지]-[13강]에 '인물(오려내기).png'로 저장합니다.

03 '포토스케이프 X'를 실행한 후 [사진 편집] 탭을 클릭합니다. [예제이미지]-[13강]에서 [경주야경.jpg]를 클릭합니다. [삽입] 탭을 클릭합니다.

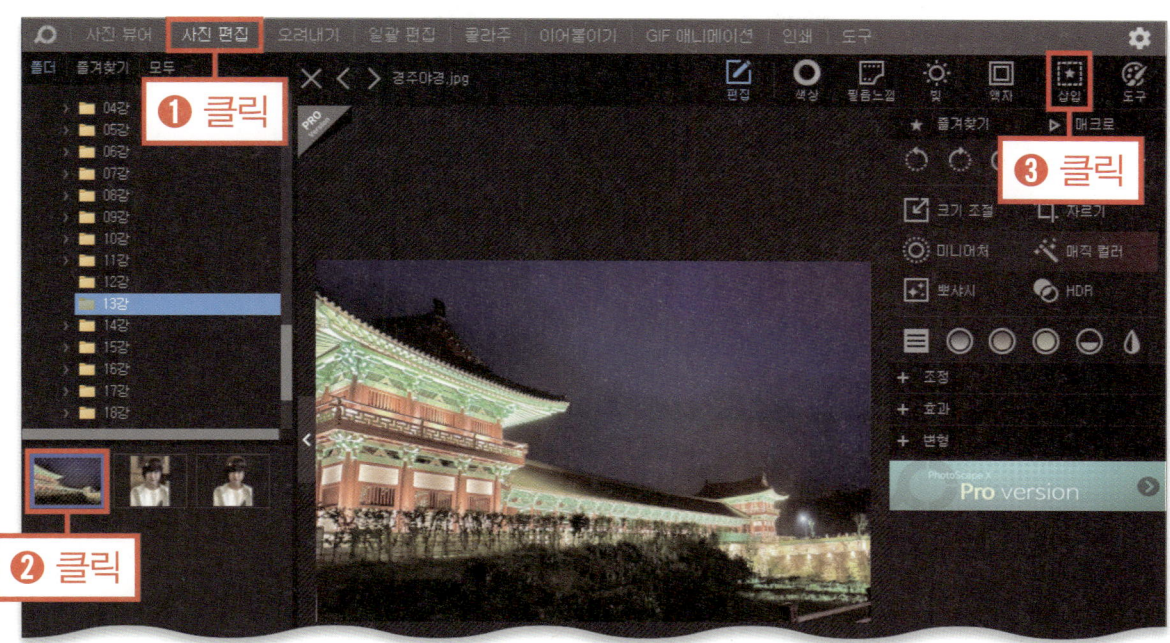

04 [13강]의 [인물(오려내기).png]를 '경주야경.jpg' 사진 위로 드래그한 후 크기 및 위치를 조절합니다. '이미지' 대화상자가 나타나면 [외부 광선]을 클릭하여 [체크](✓)합니다. [두께]는 '1', [흐림]은 '20', [색상]은 [단색]( ), [불투명도]는 '20'으로 설정합니다.

CHAPTER 13 섬네일, 한눈에 끌리는 스타일로 만들기

05 [텍스트]를 클릭합니다. '텍스트' 대화상자가 나타나면 '언능 언능'을 입력한 후 [글꼴]은 '핑크퐁 아기상어 Bold', [글자 크기]는 '531', [글꼴색]은 [흰색]으로 설정합니다. [그림자]를 클릭하여 [체크](✔)합니다. [거리]는 '15', [각도]는 '45', [흐림]은 '4'를 입력한 후 [색상]은 [검정]을 선택합니다.

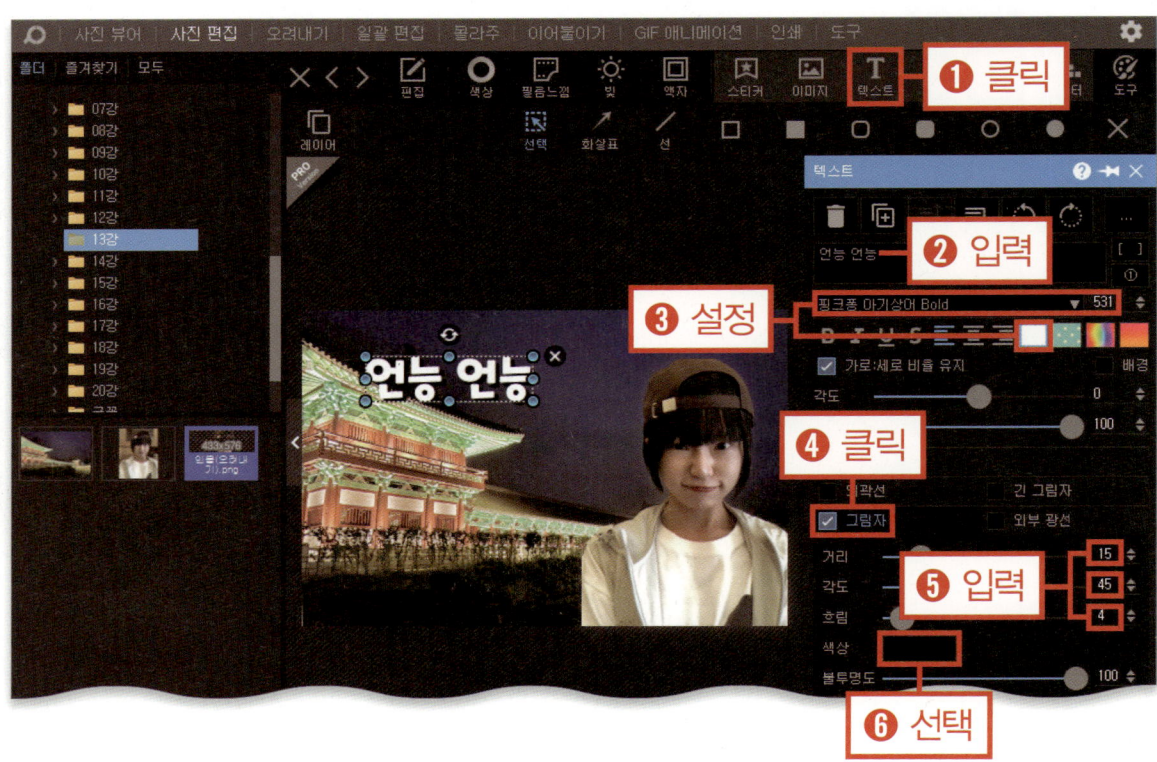

06 [복제하기](⊕)를 클릭합니다. 복제된 텍스트 내용을 '와'로 수정한 후 [글자 크기]는 '1634', [글꼴색]은 [밝은 녹색]()으로 설정합니다. '그림자'의 [거리]는 '8', [각도]는 '8', [흐림]은 '4'를 입력합니다.

07 [스티커]를 클릭한 후 [만화]-(　)를 더블 클릭합니다. '스티커' 대화상자가 나타나면 [각도]에 '8'을 입력한 후 크기 및 위치를 조절합니다. '스티커' 대화상자의 [복제하기](　)를 클릭한 후 아래 그림과 같이 배치합니다.

08 다시 한 번 [스티커]를 클릭한 후 [만화]-(　)를 더블 클릭합니다. [각도]에 '4'를 입력한 후 아래 그림과 같이 배치합니다. [저장]-[다른 이름으로 저장]을 클릭한 후 '썸네일.jpg'로 저장합니다.

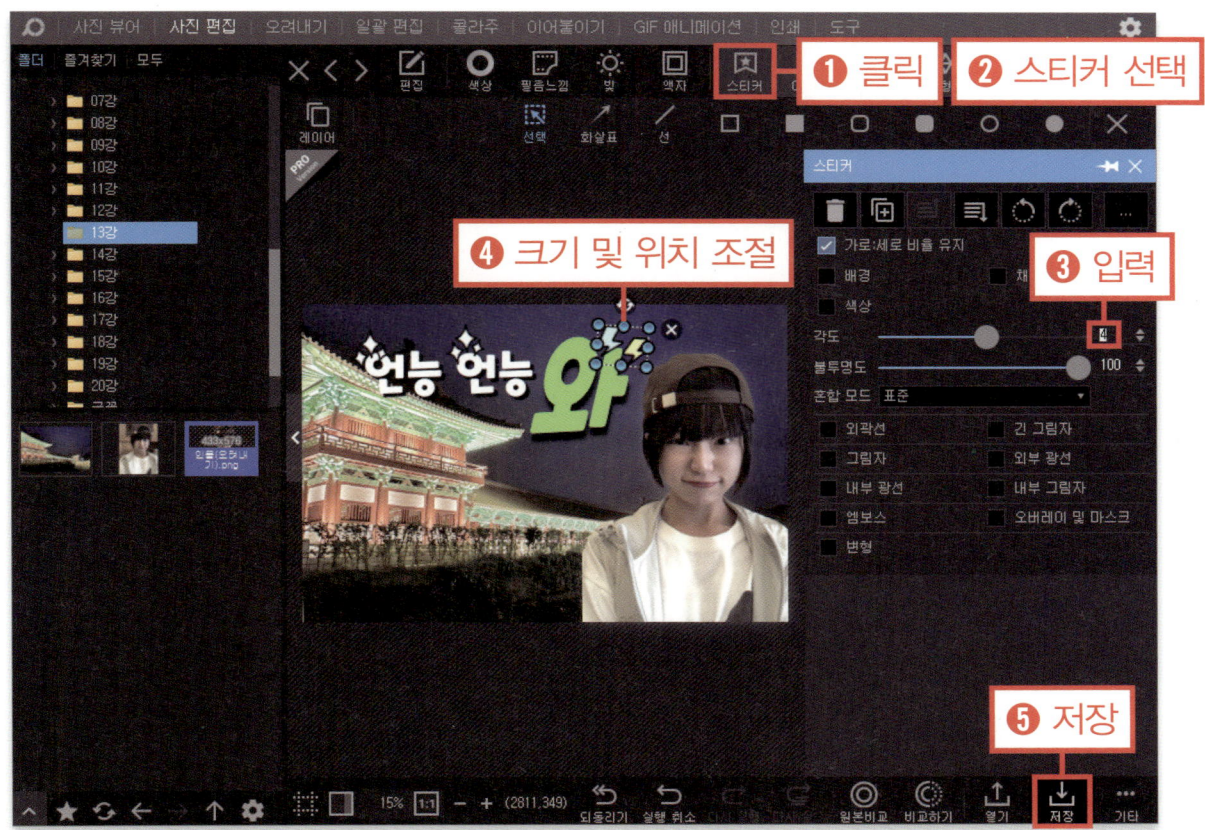

CHAPTER 14 나만의 명함 만들기

POINT

간단한 이모티콘과 텍스트를 활용해 개성 있는 명함을 디자인합니다. 간단한 편집과 레이아웃 조정으로 실용적이면서도 나만의 스타일을 담은 명함을 완성합니다.

완성 화면 미리 보기

여기서 배워요!

새로 만들기 / 도형 / 텍스트 / 이미지

STEP 01 명함 배경 만들기

01 '포토스케이프 X'를 실행한 후 [사진 편집] 탭을 클릭합니다. [새로 만들기]를 클릭한 후 [가로 폭]은 '1053', [세로 높이]은 '591'을 입력합니다. [배경]은 [흰색](　)을 선택한 후 [확인]을 클릭합니다.

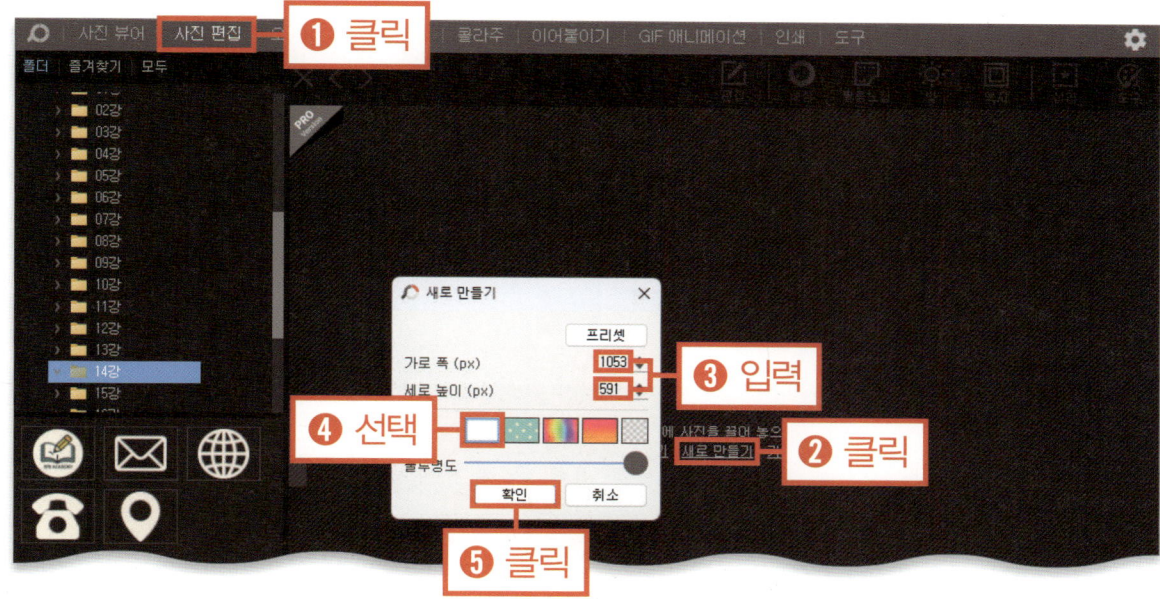

02 [삽입] 탭을 클릭한 후 [예제이미지]-[14강]의 [로고.png]를 오른쪽 화면으로 드래그합니다. 아래 그림처럼 크기와 위치를 조절합니다.

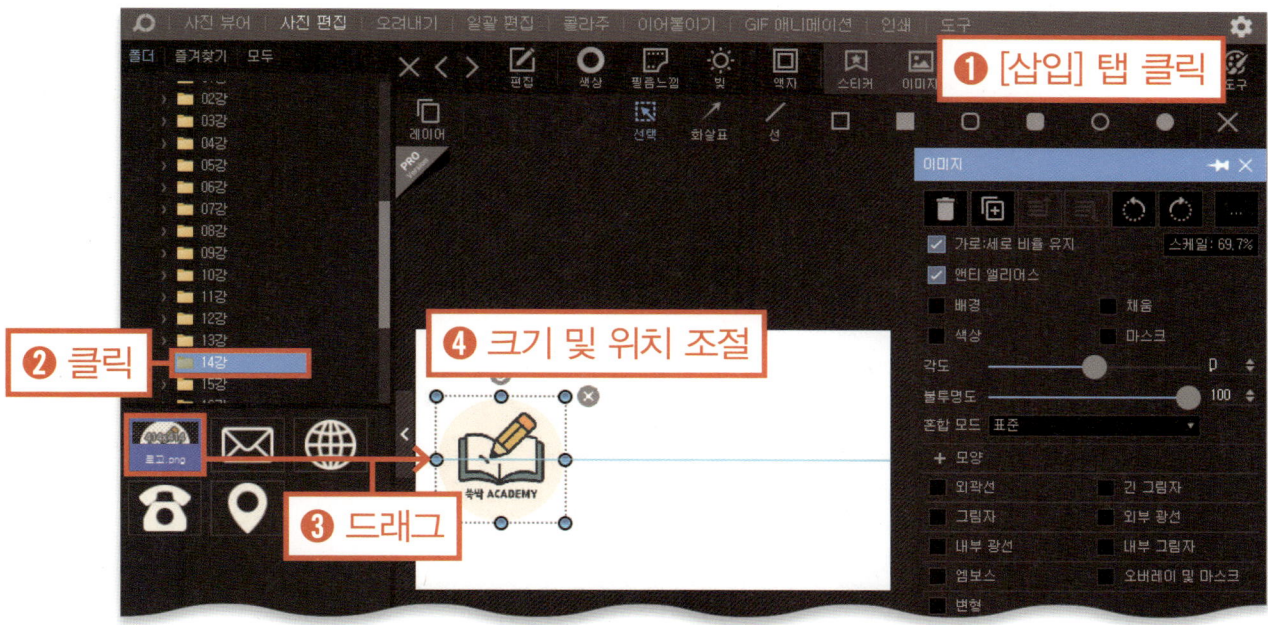

조금 더 배우기

사용할 클립아트는 저작권과 관련 없는 자료로 미리 준비해 둡니다. 11강을 참고합니다.

03 [채워진 사각형]을 선택한 후 '사각형' 대화상자가 나타나면 [단색]을 클릭합니다. [색상검출]( )을 클릭한 후 '로고의 테두리'를 클릭합니다.

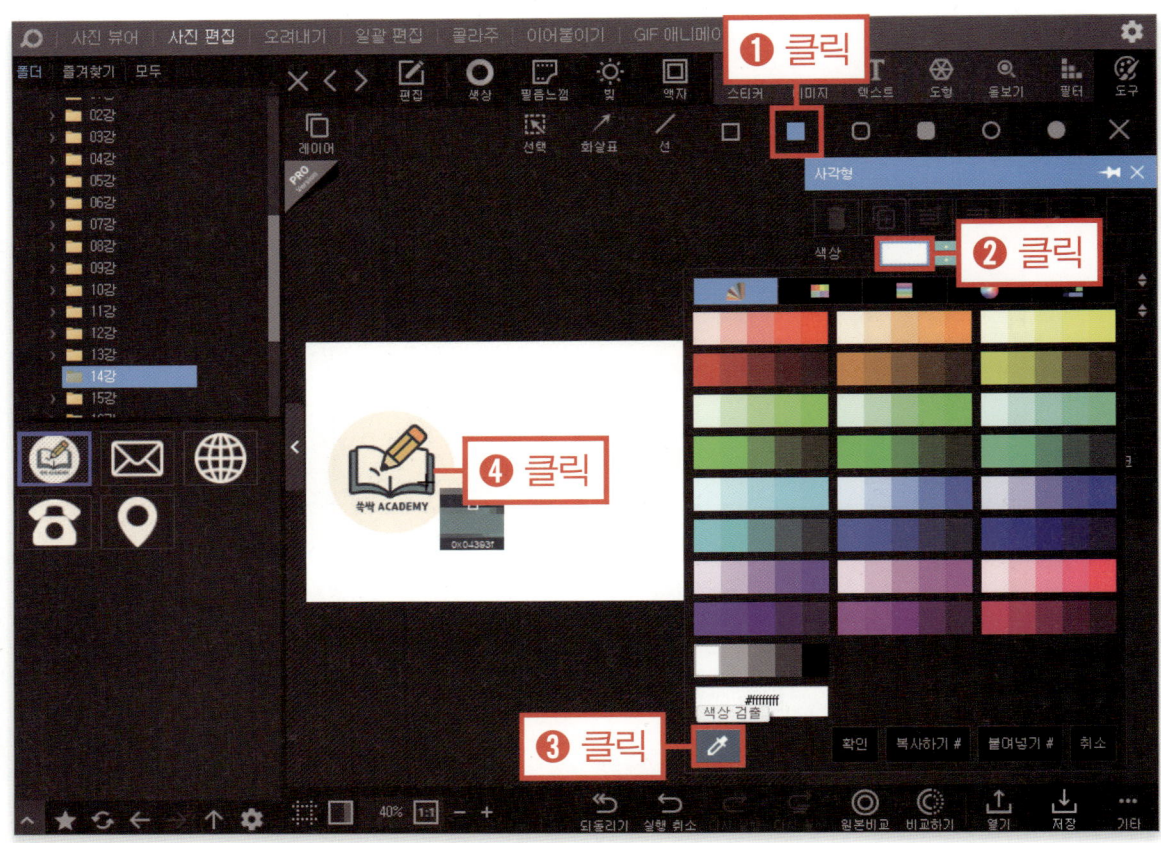

04 아래 그림처럼 채워진 사각형을 드래그합니다.

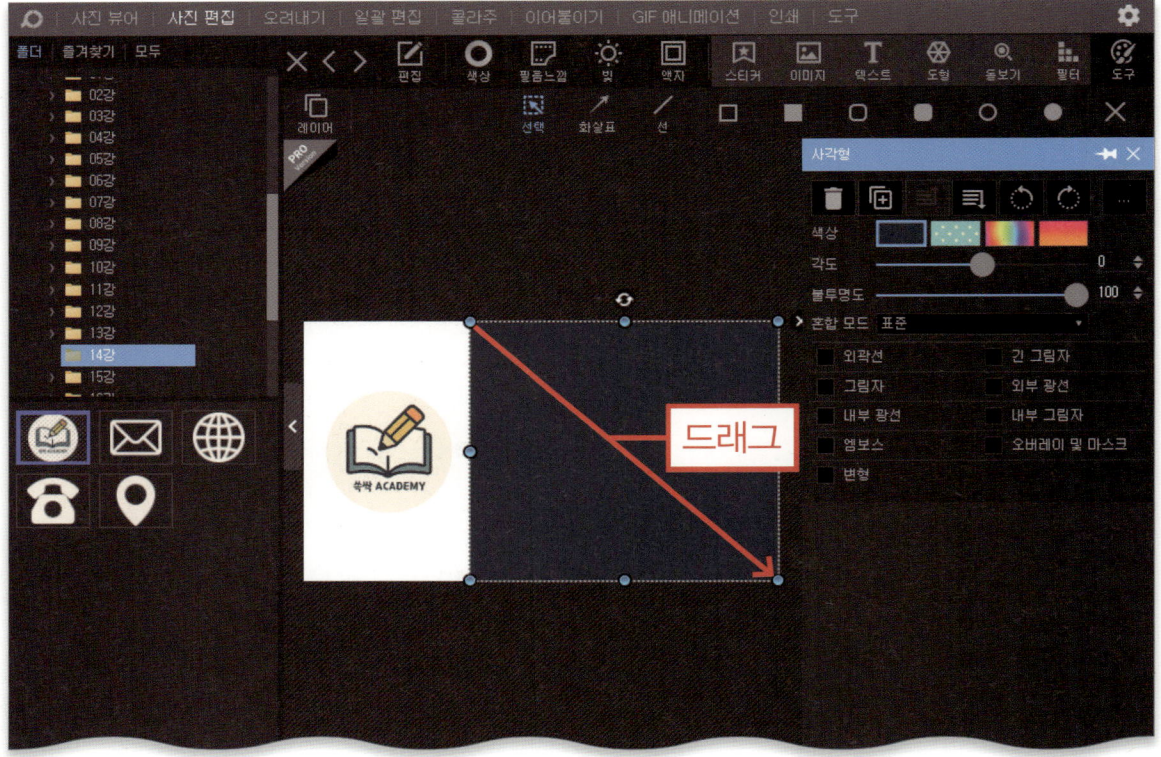

STEP 02 명함 내용 입력하기

01 [텍스트]를 클릭한 후 '텍스트' 대화상자가 나타나면 '이름'을 입력합니다. [글꼴]은 '온글잎 신예빈'을 선택합니다. [글자 크기]는 '97'을 입력하고 [글꼴색]에서 [단색]을 클릭합니다. [색상검출](🖉)을 클릭한 후 '로고 배경'을 클릭합니다.

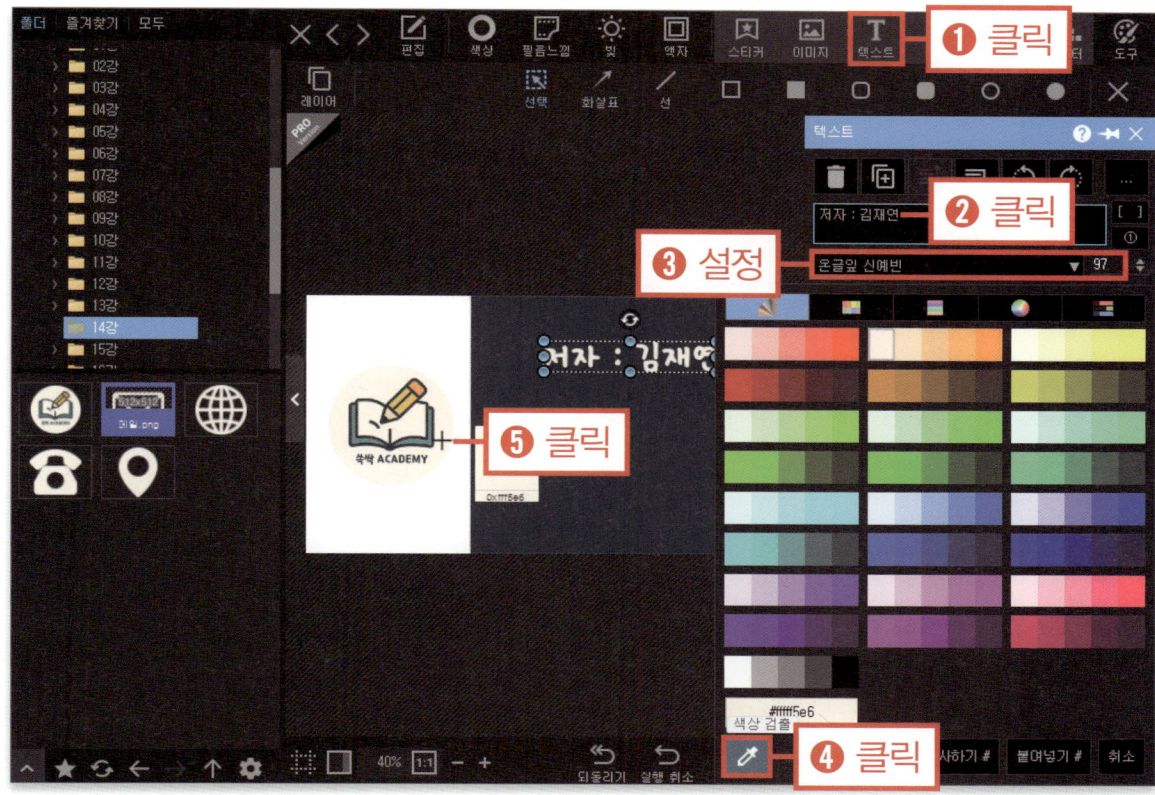

02 Ctrl+마우스 휠 드래그하여 화면을 확대합니다. 내용을 입력하고 있는 오른쪽으로 이동합니다. '텍스트' 대화상자에서 [복제하기](🗐)를 클릭한 후 '메일 주소'를 입력합니다. [글자 크기]는 '53'으로 입력합니다.

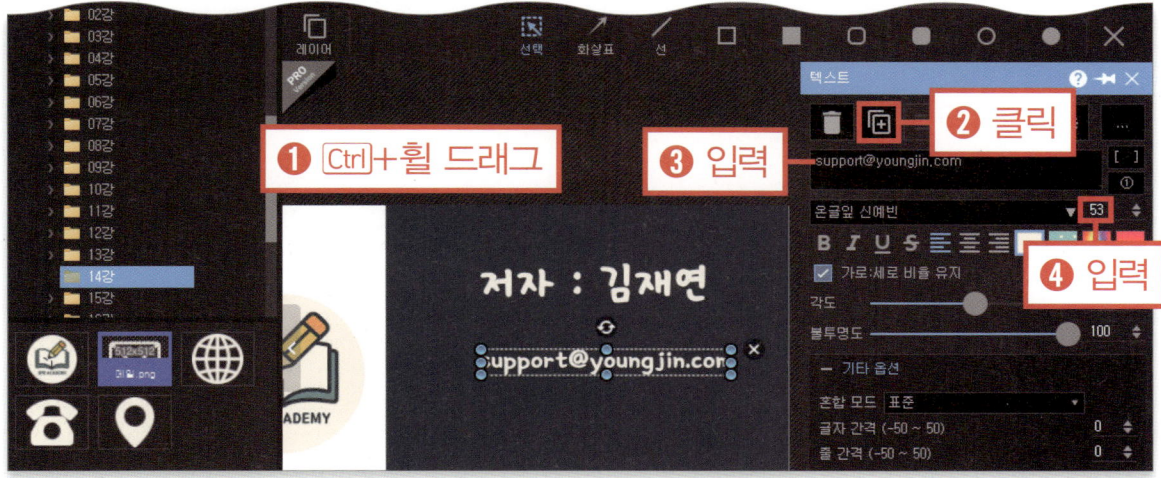

03 [복제하기](🗐)를 이용하여 아래와 같이 기타 내용들을 작성합니다.

STEP 03 명함 아이콘 삽입하기

01 [레이어]가 보이는지 확인한 후 [14강]의 [메일.png] 아이콘을 명함으로 드래그하고 크기 및 위치를 조절합니다.

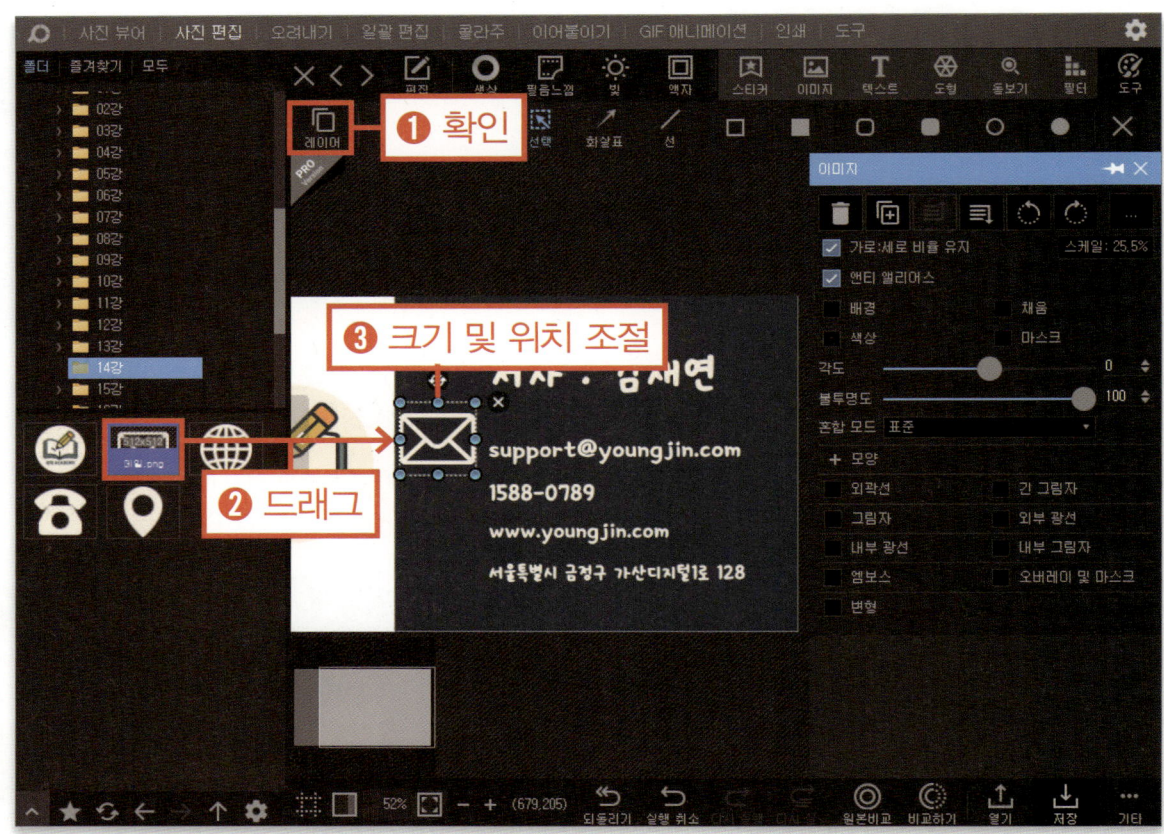

 조금 더 배우기

레이어가 보인다는 것은 '삽입' 탭이 선택되어 있다는 뜻입니다.

02 [전화.png], [인터넷.png], [주소.png]도 각각 드래그하여 크기 및 위치를 조절한 후 아래와 같이 배치합니다. [메일.png]를 클릭한 후 Shift 를 누른 후 [전화.png], [인터넷.png], [주소.png]를 각각 클릭합니다. 선택된 아이콘 이미지에서 마우스 오른쪽 버튼을 누른 후 [개체 정렬]-[왼쪽]을 차례대로 클릭합니다.

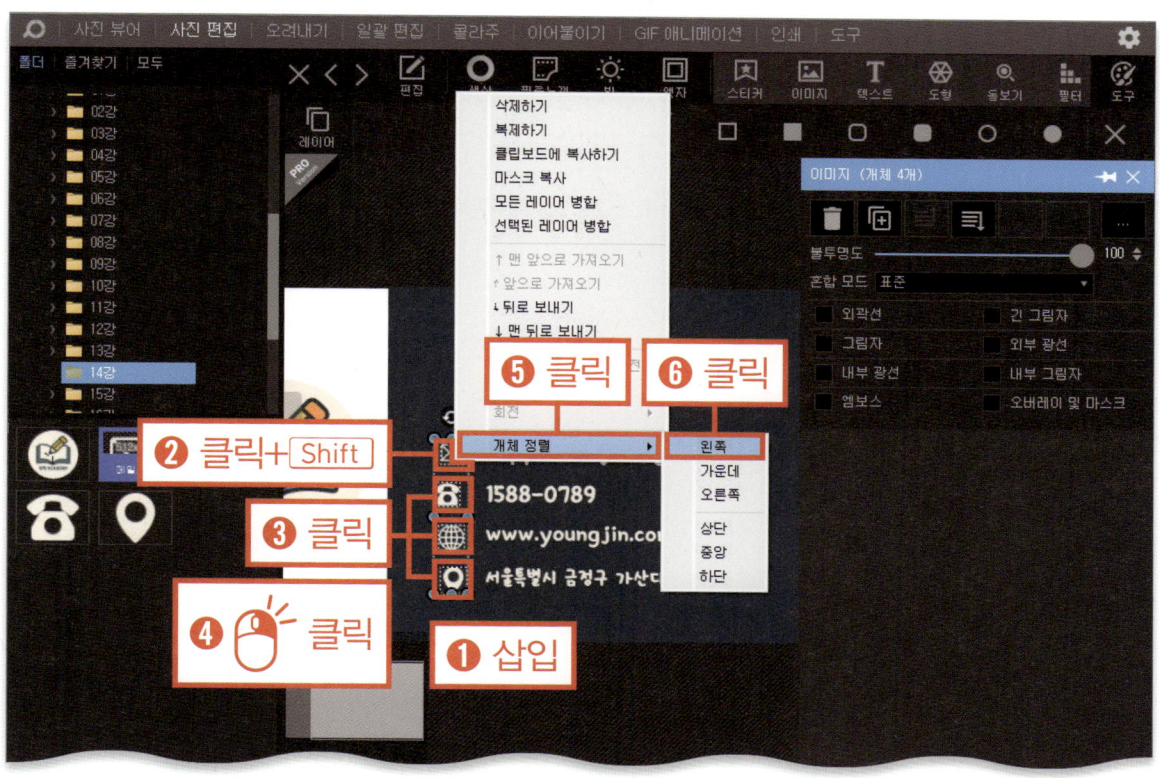

03 아래쪽의 [화면맞춤](1:1)을 클릭한 후 완성된 명함을 확인합니다. [저장]을 클릭하여 '명함.jpg'로 저장합니다.

CHAPTER 15 | 귀여운 스노우볼 만들기

POINT

사진과 배경을 활용해 작은 눈송이가 내리는 스노우볼 이미지를 만들어 봅니다.

완성 화면 미리 보기

여기서 배워요!

새로 만들기 / 3D 개체 / 빛 / 스트레치

STEP 01   3D 원형 구 모양 만들기

01 '포토스케이프 X'를 실행합니다. [사진 편집] 탭에서 [새로 만들기]를 클릭합니다. [가로 폭]과 [세로 폭]에 각각 '800'을 입력합니다. [배경]은 [단색] (███████)를 선택하고 [불투명도]를 살짝 왼쪽으로 드래그합니다. [확인]을 클릭합니다.

02 원형 구를 만들기 위해 [편집] 메뉴에서 [변형]-[3D 개체]를 차례대로 클릭합니다.

CHAPTER 15 귀여운 스노우볼 만들기 | **105**

03 '3D' 대화상자가 나타나면 두 번째 (◐)을 클릭합니다. '조명'의 [강도]에 '60'을 입력한 후 [투명](▦)을 선택합니다. [적용]을 클릭합니다.

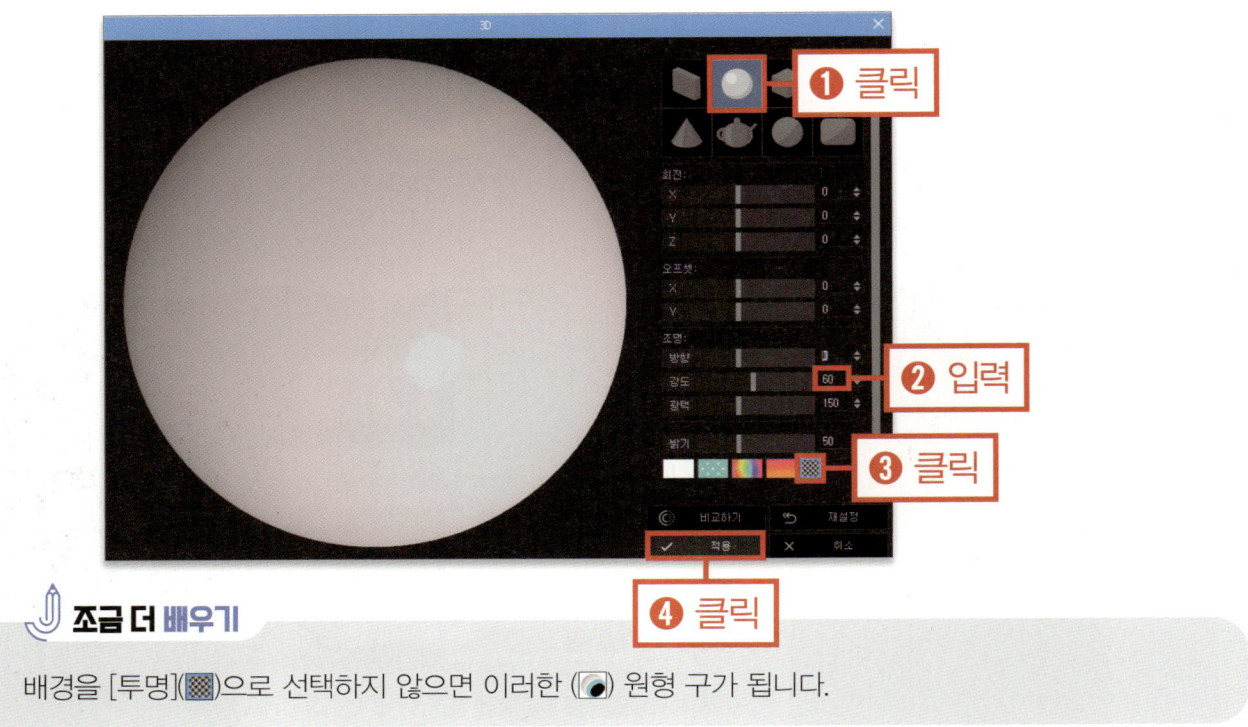

조금 더 배우기

배경을 [투명](▦)으로 선택하지 않으면 이러한 (◉) 원형 구가 됩니다.

STEP 02 스노우볼 만들기

01 [삽입] 메뉴를 클릭한 후 [예제이미지]의 [15강]-[한복캐릭터.png]를 원형 구 위로 드래그합니다. '이미지' 대화상자가 나타나면 [외부 광선]을 클릭하여 [체크](✓)한 후 [두께]는 '3', [흐림]은 '10'을 입력합니다. [색상]은 [회색](▬▬▬), [불투명도]는 '50'을 입력합니다.

02 볼 안에 꽃가루가 날리는 것을 표현하기 위해 [빛] 메뉴를 클릭한 후 [보케]-[002]를 차례대로 클릭합니다. [스케일]은 '40'을 입력, [모양]은 (✽)를 선택합니다. [중심축](◉)은 위쪽으로 이동하고 [축조절점](◉)도 아래와 같이 조절합니다. [적용]을 클릭합니다.

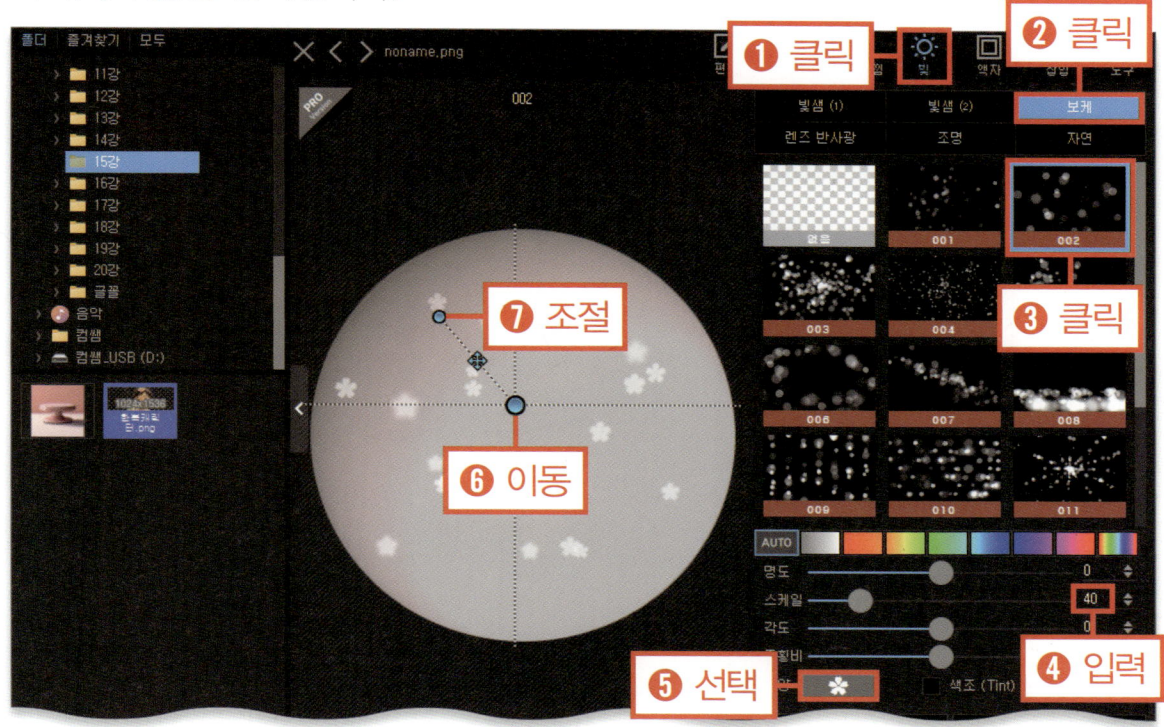

03 [저장]을 클릭합니다. '사진 밖으로 벗어난 개체가 모두 저장되도록 사진 크기를 확대해서 저장할까요?' 메시지 창이 나타나면 [아니오]를 클릭한 후 '볼.png'로 저장합니다.

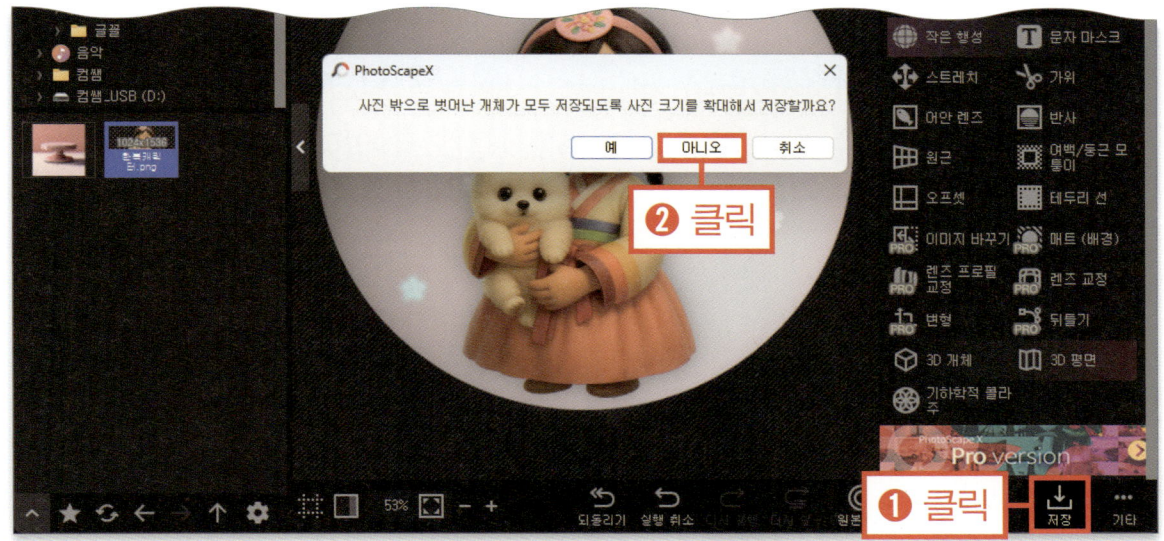

> **조금 더 배우기**
>
> 삽입된 이미지가 배경보다 크면 나타나는 메시지입니다. [아니오]를 클릭하면 배경 크기로 저장됩니다.

STEP 03   1:1 비율 사진을 9:16 비율로 늘리기

01 [15강]에서 [받침대.png] 파일을 클릭합니다. '9:16' 비율의 배경 사진을 만들기 위해 [편집] 메뉴에서 [변형]-[스트레치]를 차례대로 클릭합니다.

조금 더 배우기

사진 크기만으로 조절하면 이미지가 변형됩니다.

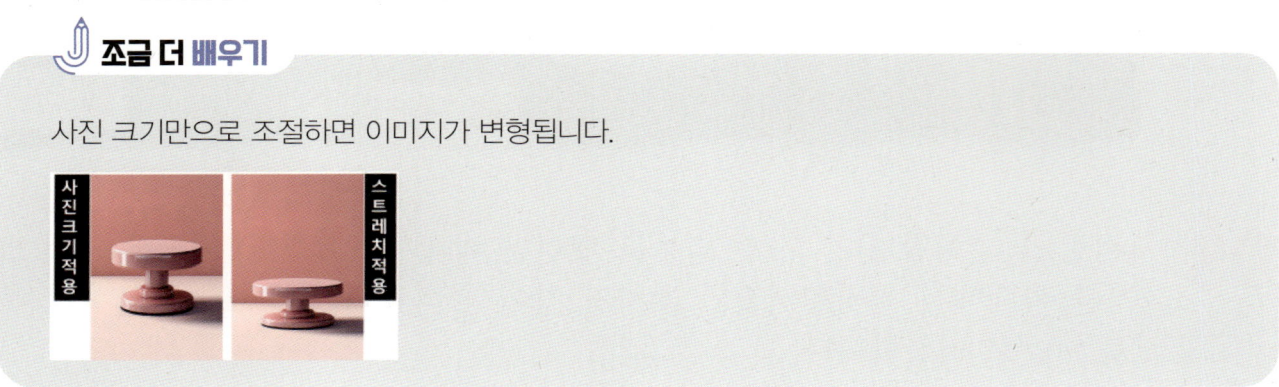

02 '스트레치' 대화상자가 나타나면 중간 부분을 아래 그림과 같이 위로 끝까지 드래그한 후 '수직' 입력값을 최대치 '200'으로 입력합니다. [적용]을 클릭합니다.

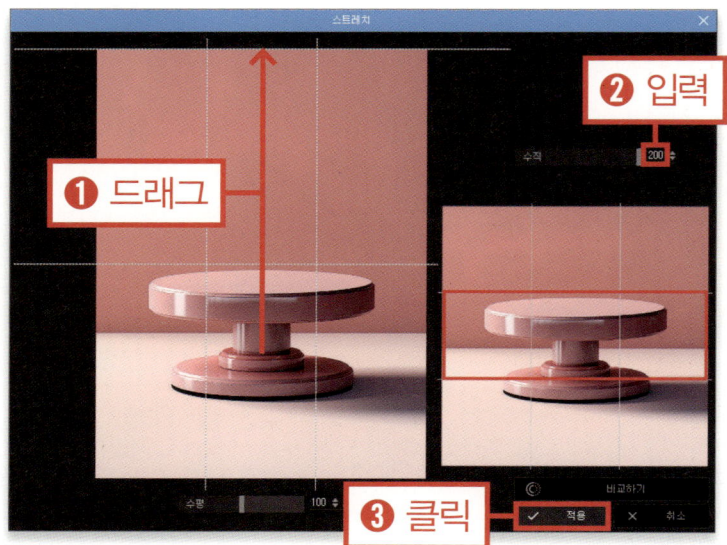

03 한 번 더 [변형]에서 [스트레치]를 클릭합니다. '스트레치' 대화상자가 나타나면 중간 부분을 위로 끝까지 드래그한 후 '수직' 입력값을 최대치 '130'으로 입력합니다. [적용]을 클릭합니다. 9:16 비율의 배경 사진이 완성되었습니다.

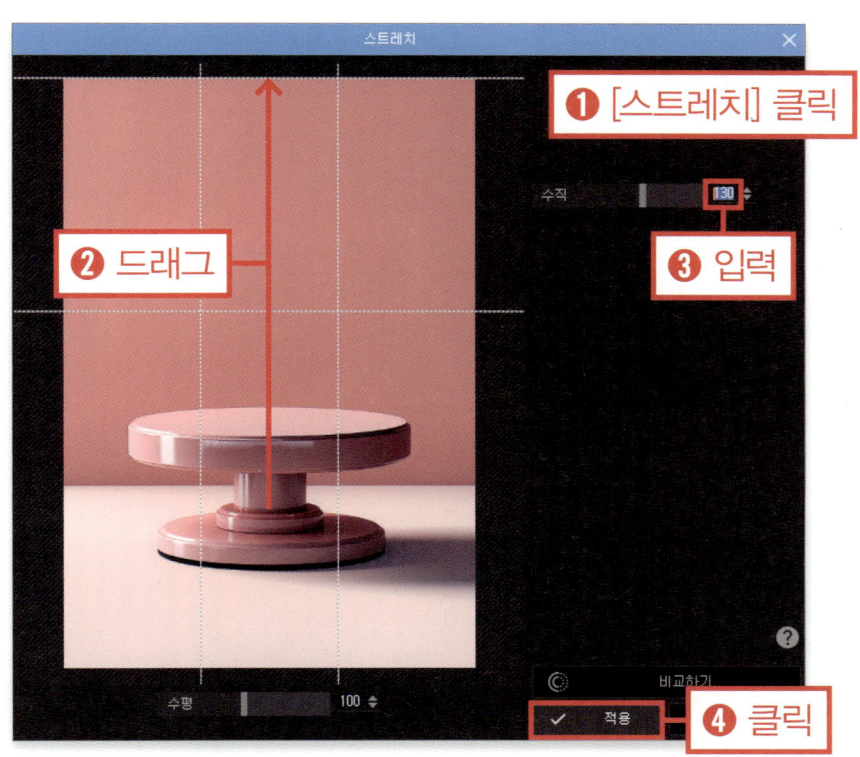

04 [삽입] 메뉴를 클릭합니다. 3D 개체로 제작한 [볼.png] 이미지를 받침대 위로 드래그합니다. 크기 및 위치를 조절합니다. [저장]-[다른 이름으로 저장]을 차례대로 클릭한 후 '스노우볼.jpg'로 저장합니다.

CHAPTER 16
여러 장의 사진을 한 번에 수정하는 꿀팁!

POINT

여러 장의 사진을 동시에 밝기, 색감, 크기 등을 조정하는 방법을 배웁니다. 반복 작업을 줄이고 효율적으로 사진을 보정하는 과정입니다.

완성 화면 미리 보기

여기서 배워요!

일괄 편집 / 이어붙이기

STEP 01 필름 액자 만들기

01 '포토스케이프 X'를 실행한 후 [오려내기] 탭을 클릭합니다. [예제이미지]-[16강]을 차례대로 클릭한 후 [필름.jpg]를 '여기에 사진을 끌어 놓으세요.'로 드래그합니다.

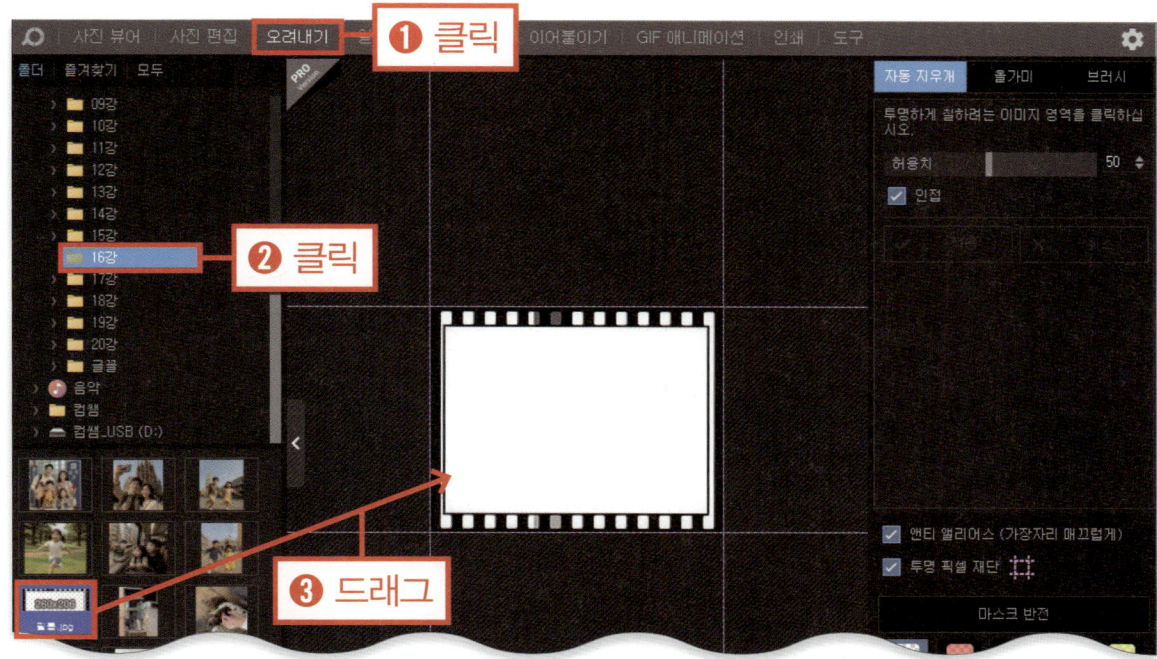

02 [자동 지우개]를 클릭한 후 투명으로 처리할 필름 안쪽을 클릭합니다. [저장]을 클릭하여 '필름-cutout.png'로 저장합니다.

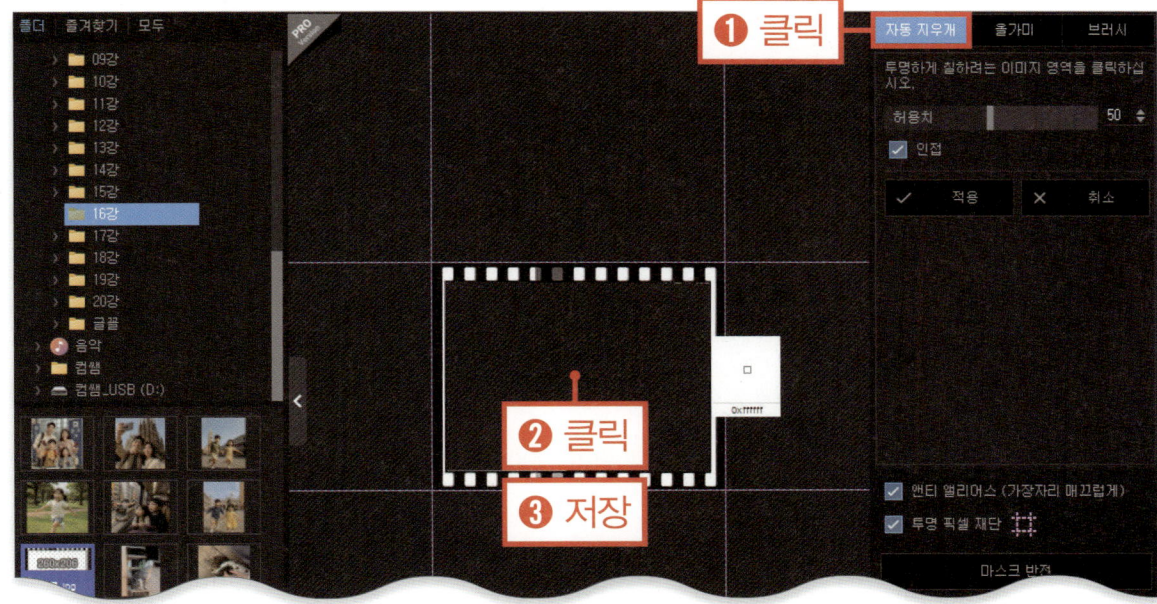

 **조금 더 배우기**

허용치란 색상이 지워지는 범위입니다.

STEP 02 사진 여러 장 한꺼번에 편집하기

01 [일괄 편집] 탭을 클릭합니다. [16강] 폴더의 [가족여행1.png]를 클릭한 후 Shift를 누른 상태로 [가족여행6.png]를 클릭합니다. '여기에 사진을 끌어 놓으세요'로 드래그합니다. 오른쪽 옵션 창에 [크기 조절]을 클릭합니다. [가로크기×세로크기]를 클릭하여 [선택](◉)한 후 각각 '500'을 입력합니다.

02 [삽입] [추가](+)를 차례대로 클릭한 후 [이미지]를 클릭합니다. 오려내기한 [필름-cutout.png]를 선택한 후 [열기]를 클릭합니다.

03 왼쪽에 '이미지' 대화상자가 나타나면 [가로:세로 비율 유지]를 클릭하여 [체크 해제](■)합니다. 오려 내기한 사진을 사진 크기에 맞춥니다.

04 [저장]을 클릭한 후 '저장' 대화상자가 나타나면 [하위 폴더에 저장]을 클릭하여 [선택](◉)합니다. [접두어(이름 앞에 붙임)]을 클릭하여 [선택](◉)한 후 '여행_'을 입력합니다. [확인]을 클릭합니다.

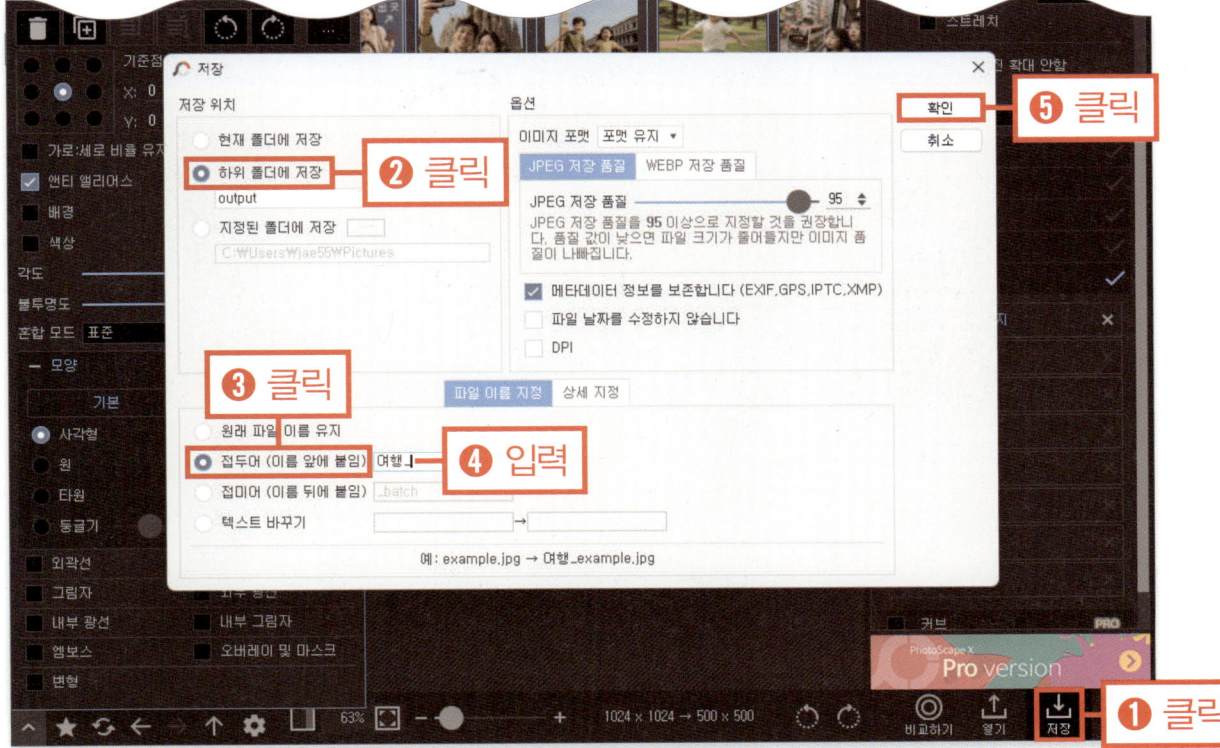

05 [이어붙이기] 탭을 클릭합니다. [16강]-[output] 폴더를 클릭합니다. [여행_가족여행1.png]를 클릭한 후 Shift 를 누른 상태에서 [여행_가족여행6.png]를 클릭한 다음 '여기에 사진을 끌어 놓으세요.'로 드래그합니다.

06 [수평]을 클릭합니다. [저장]을 클릭하여 '여행_가족여행1-side'로 저장합니다.

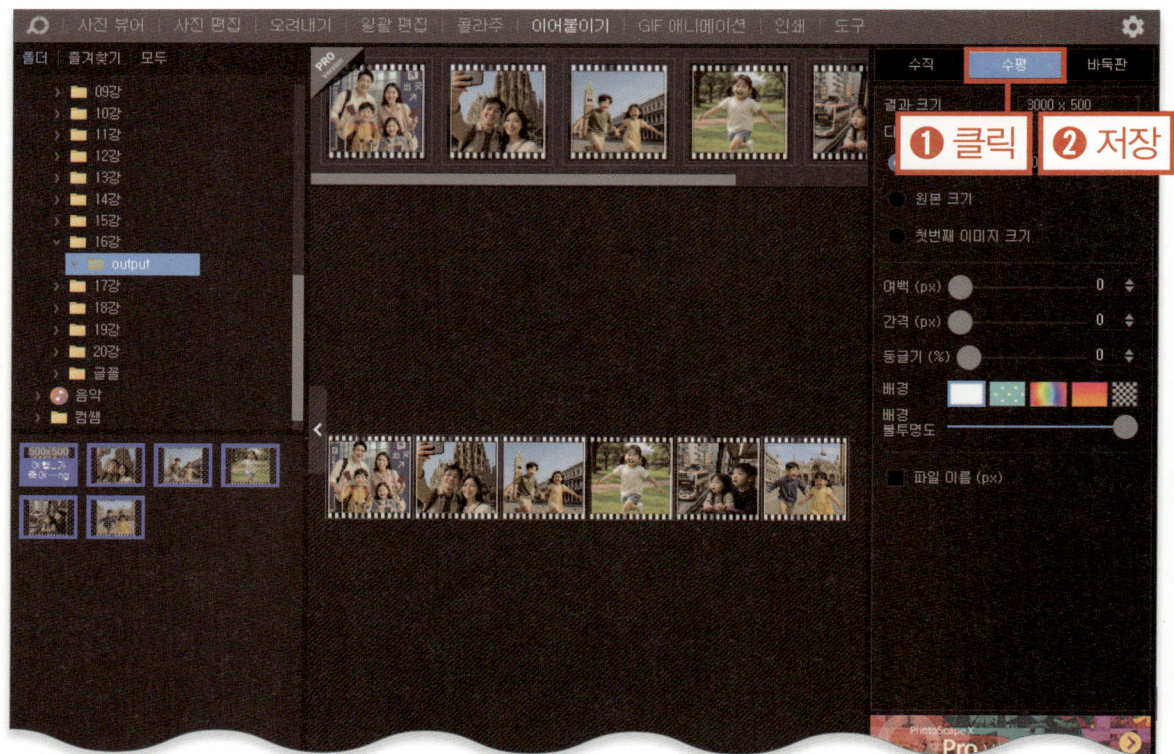

혼자서도 만들 수 있어요!

1 [예제이미지]-[16강] 폴더의 [혼_냥이1.jpg]~[혼_냥이5.jpg]를 이용하여 아래 그림처럼 만들어 보세요.

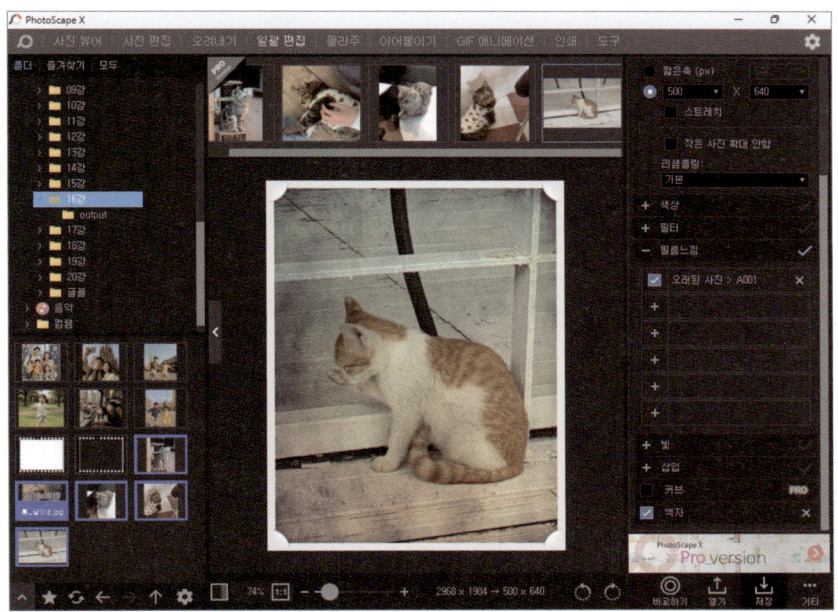

hint [일괄 편집] 탭 클릭한 후 [사진크기]를 500X640으로 설정 → [필름느낌]을 클릭하고 [오래된 사진]-[A001] 클릭 → [액자] 클릭

2 1번에서 편집한 사진을 이용하여 아래 그림처럼 만들어 보세요.

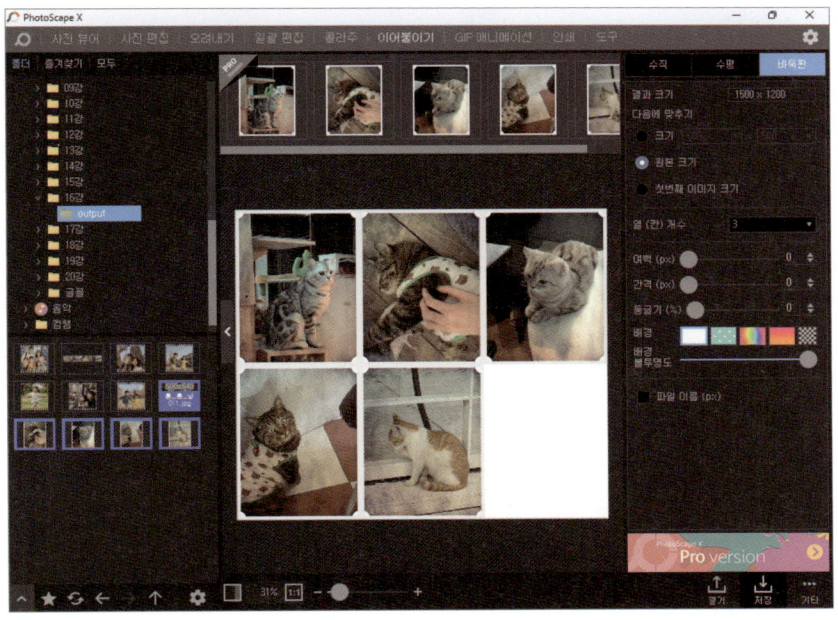

hint [이어붙이기] 탭 클릭 → [바둑판] 클릭한 후 [열(칸) 개수]를 '3'으로 지정

CHAPTER 17 움짤도 뚝딱! GIF 이미지 만들기

POINT

여러 장의 사진을 연결해 움직이는 GIF 이미지를 만듭니다. 간단한 편집으로 재미있고 생동감 있는 움짤을 완성합니다.

완성 화면 미리 보기

여기서 배워요!

자르기 / 텍스트 / 일괄 편집 / Gif 애니메이션

STEP 01 표정 gif 움짤 만들기

01 '포토스케이프 X'를 실행합니다. [사진 편집] 탭에서 [예제이미지]–[17강] 폴더의 [표정모음1.png]를 클릭합니다. [편집] 메뉴에서 [자르기]를 클릭한 후 아래 그림처럼 웃는 얼굴을 드래그합니다. [선택 영역 저장]을 클릭합니다.

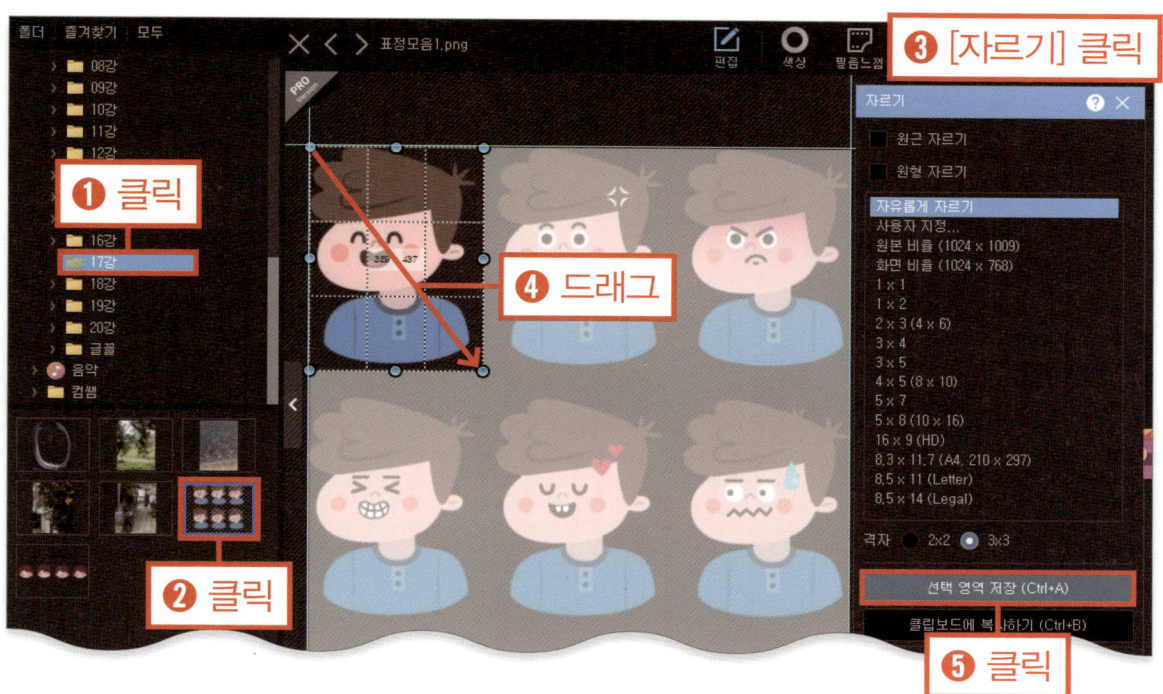

02 '저장' 대화상자가 나타나면 [예제이미지]–[17강] 폴더를 선택한 후 [파일 이름]은 '웃음', [파일 형식]은 [PNG(*.png)]를 선택합니다. [저장]을 클릭합니다.

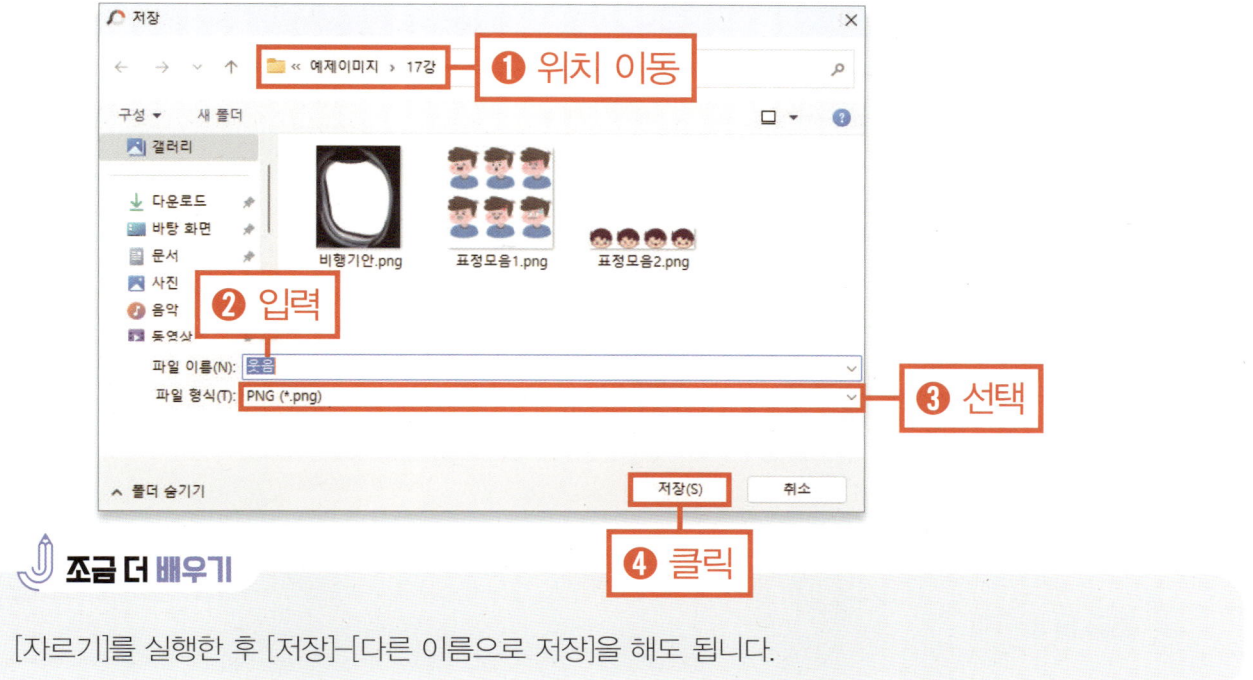

조금 더 배우기

[자르기]를 실행한 후 [저장]–[다른 이름으로 저장]을 해도 됩니다.

03 '1번'에 사용한 자르기 범위를 [화내는 표정] 이미지로 드래그합니다. [선택 영역 저장]을 클릭한 후 '열받음.png'로 저장합니다.

> **조금 더 배우기**
> 자르기한 범위를 그대로 사용하면 사진 크기가 일정하게 유지됩니다.

04 이번에는 자르기 범위를 아래와 같이 [짜증 내는 표정]으로 드래그합니다. [선택 영역 저장]을 클릭한 후 '짜증.png'로 저장합니다. [취소]를 클릭합니다.

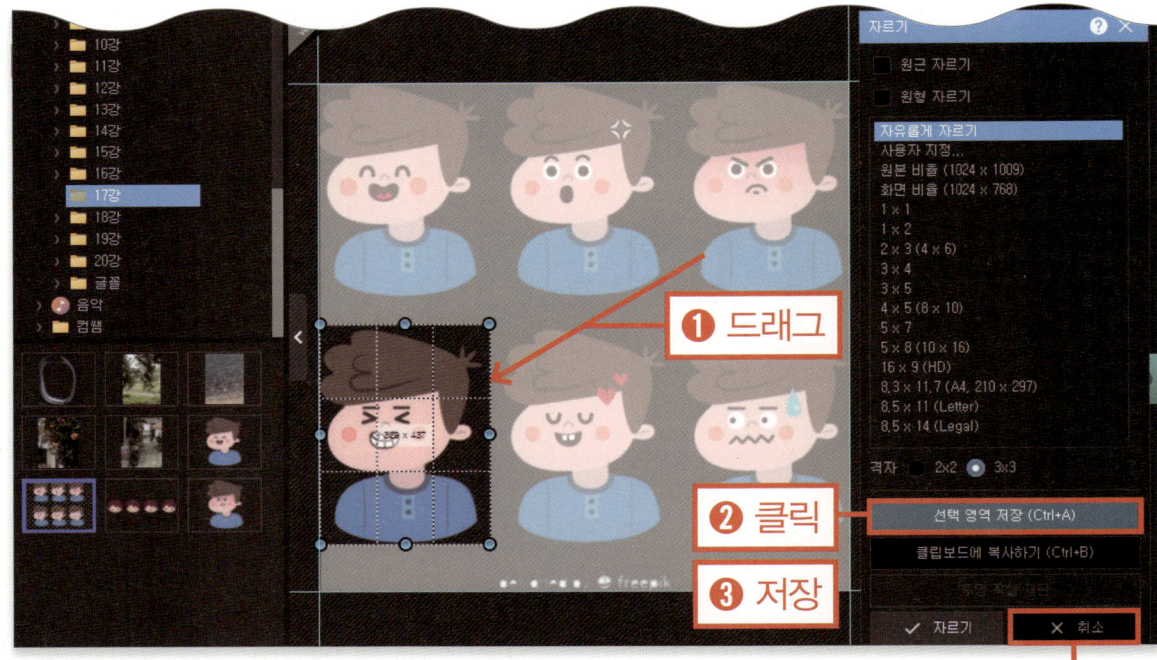

> **조금 더 배우기**
> 다른 표정들을 사용해도 됩니다.

05 오른쪽 하단의 [기타] 메뉴-[새로 만들기]를 차례대로 클릭합니다. '새로 만들기' 대화상자가 나타나면 [가로 폭]은 '350', [세로 높이]는 '550'을 입력합니다. [배경]은 [투명](▦)을 선택한 후 [확인]을 클릭합니다.

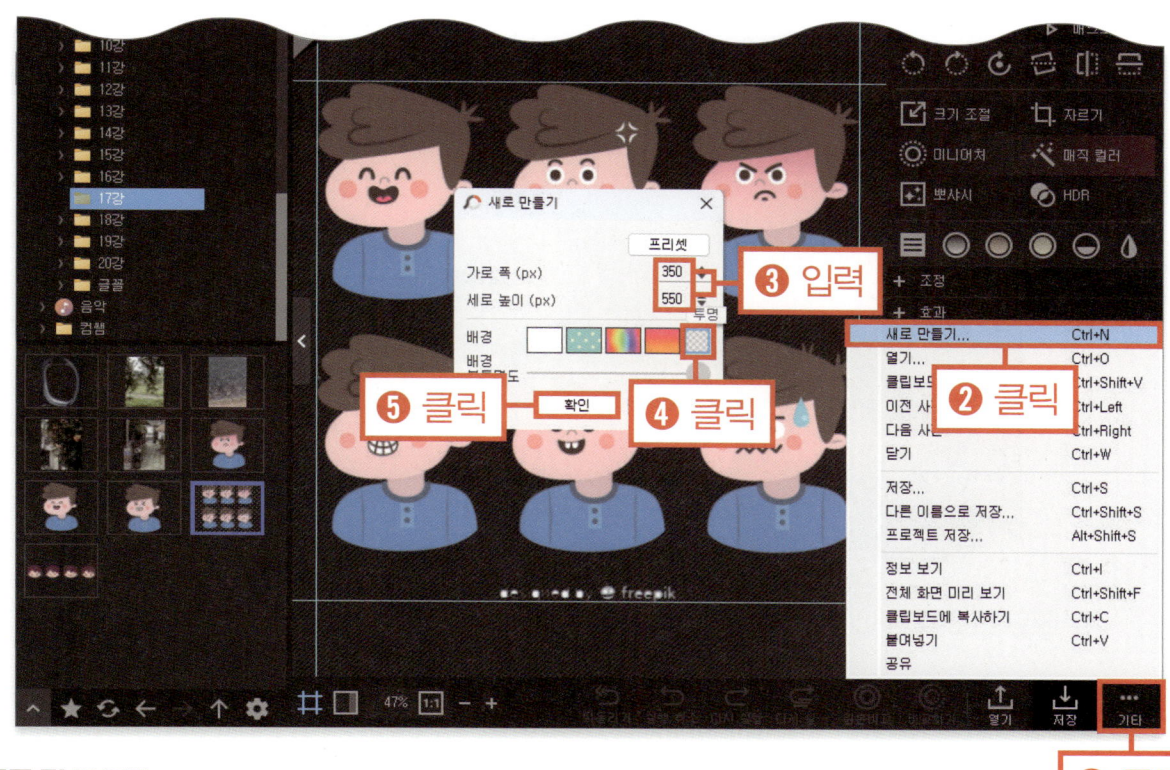

> **조금 더 배우기**
>
> 새로 만들기의 크기는 권장 사항입니다.

06 [삽입] 메뉴를 클릭합니다. [17강] 폴더의 [열받음.png]를 오른쪽 화면으로 드래그한 후 크기 및 위치를 조절합니다.

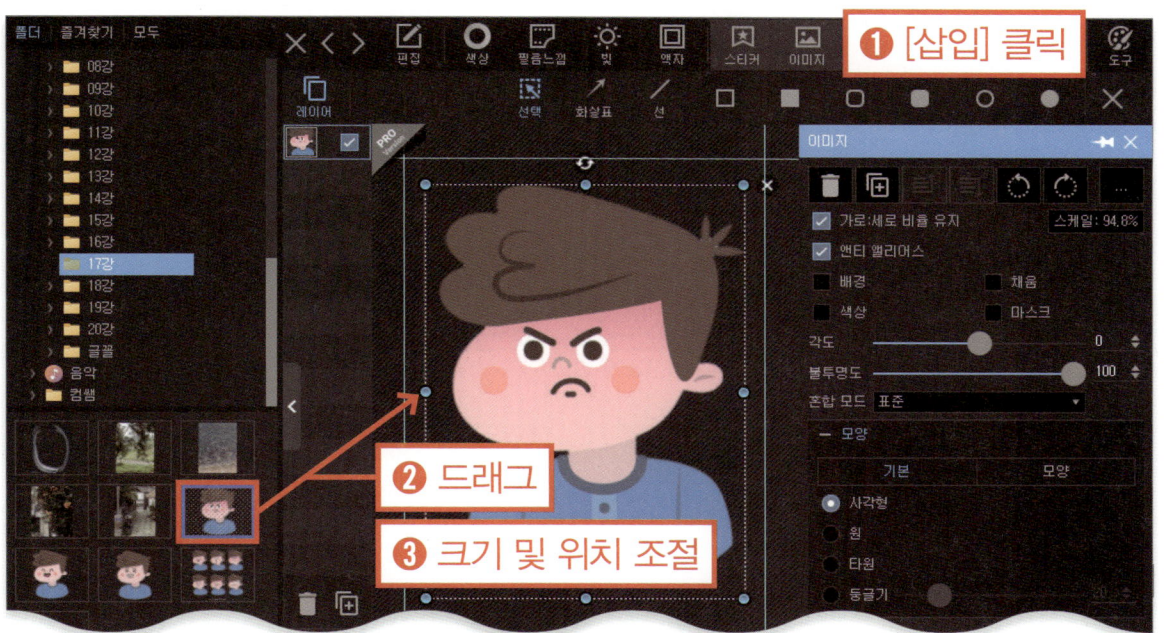

07 나머지 사진들도 아래와 같이 오른쪽 화면으로 드래그하여 크기 및 위치를 조절합니다.

조금 더 배우기

크기 및 위치를 잘 맞춰야 표정만 변하게 할 수 있습니다. [레이어]의 [표시](✓)와 [숨기기](■)를 활용합니다.

08 [레이어]에서 '열받음.png' 이외의 이미지는 클릭하여 [숨기기](■)합니다. [텍스트] 메뉴를 클릭합니다.

조금 더 배우기

[삽입] 메뉴일 때만 [레이어]가 보입니다.

09 '텍스트' 대화상자가 나타나면 '열내지 말기'를 입력합니다. [글꼴]은 '온글잎 대롱체', [글자 크기]는 '75', [글꼴색]은 [검정]으로 설정합니다. [외곽선]을 클릭하여 [체크](✓)한 후 [색상]은 [흰색]을 선택하고 [두께]는 '14'를 입력합니다. 아래와 같이 텍스트를 드래그하여 위치를 이동합니다.

10 [저장]을 클릭합니다. '저장' 대화상자가 나타나면 [다른 이름으로 저장]을 클릭한 후 [예제이미지]-[17강] 폴더를 선택합니다. '1.png'로 저장합니다.

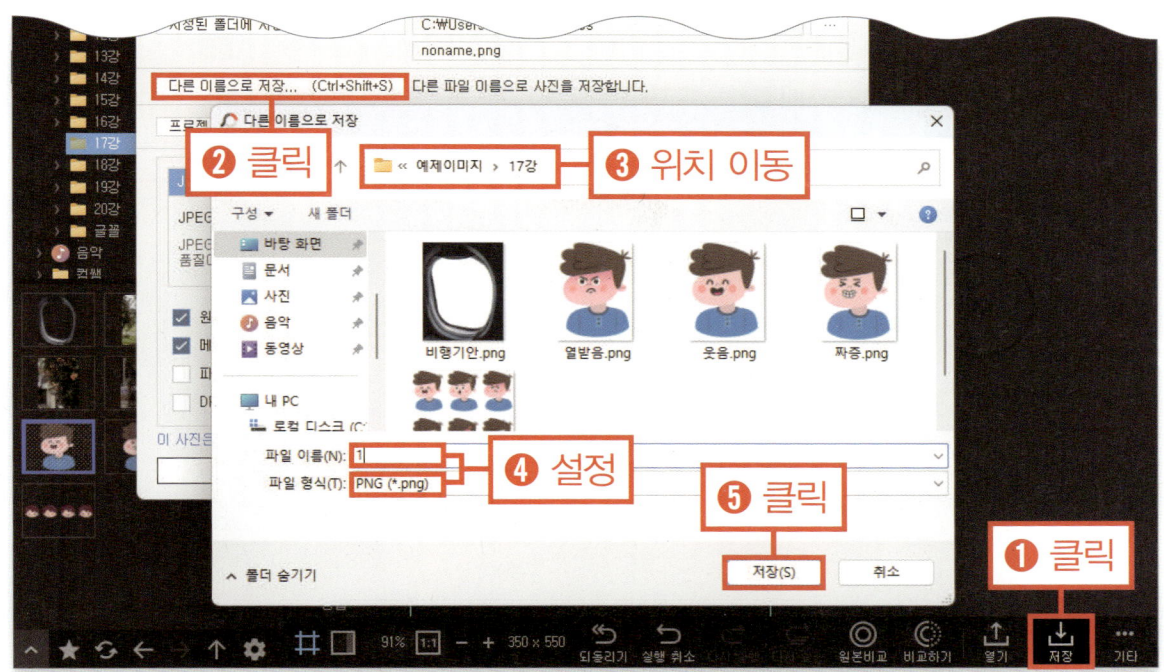

 **조금 더 배우기**

gif 애니메이션 작업을 할 때 파일의 순서를 잘 기억하기 위해 1, 2, 3…으로 저장을 했습니다.

11 '텍스트' 대화상자의 [복제하기(🗐)]를 클릭합니다. [레이어]에서 '열받지 말기' 텍스트의 [표시/숨기기]를 클릭하여 [숨기기](■)하고 [짜증] 레이어를 클릭하여 [표시](✓)합니다. '짜증내지 말기'로 내용을 수정한 후 텍스트 위치를 조절합니다. [저장]을 클릭하여 '2.png'로 저장합니다.

12 '텍스트' 대화상자의 [복제하기(🗐)]를 클릭합니다. [레이어]에서 '짜증내지 말기' 텍스트의 [표시/숨기기]를 클릭하여 [숨기기](■)하고 [웃음] 레이어를 클릭하여 [표시](✓)합니다. '웃는 얼굴이 최고!'로 내용을 수정한 후 텍스트 위치를 조절합니다. [저장]을 클릭하여 '3.png'로 저장합니다.

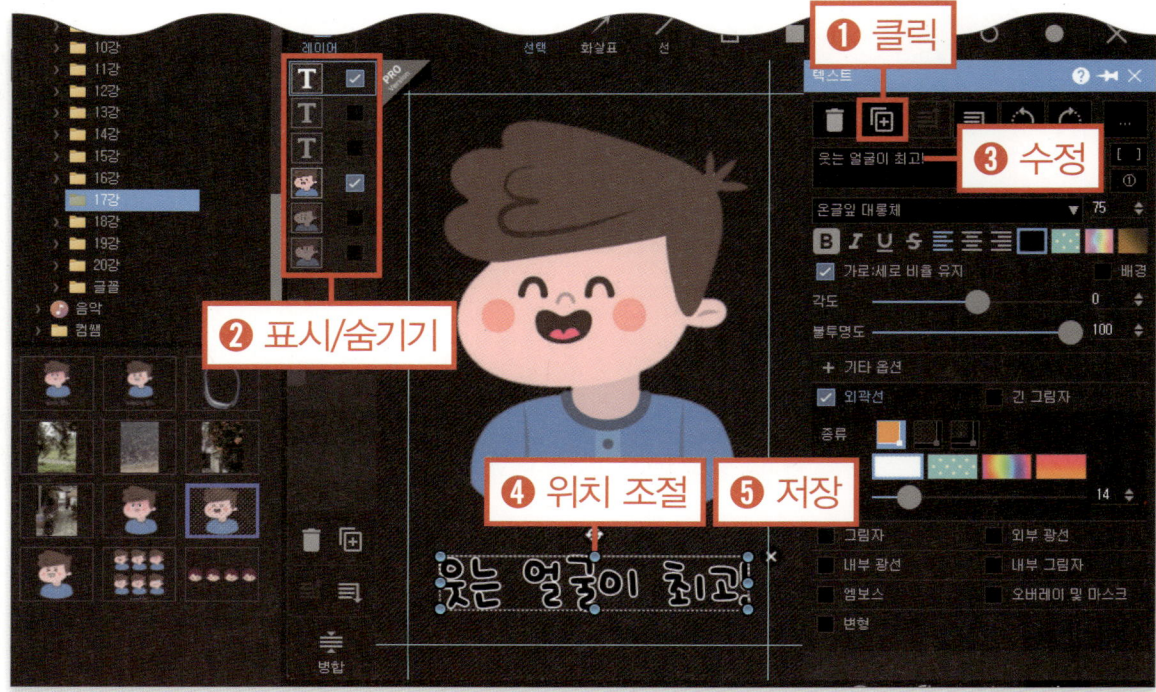

13 [레이어]의 [표시/숨기기]를 클릭하여 모두 [표시](✓)되도록 합니다. [저장]-[프로젝트 저장]을 차례대로 클릭한 후 '애니메이션.psxprj'로 저장합니다.

14 [GIF 애니메이션] 탭을 클릭합니다. [17강] 폴더에서 [1.png]를 클릭한 후 Shift 를 누른 상태에서 [3.png]를 클릭합니다. 선택된 사진들을 '여기에 사진을 끌어 놓으세요.'로 드래그합니다. [표시 시간(0.50초)]을 클릭하여 '0.97'로 입력한 후 [모든 프레임에 적용]을 클릭합니다.

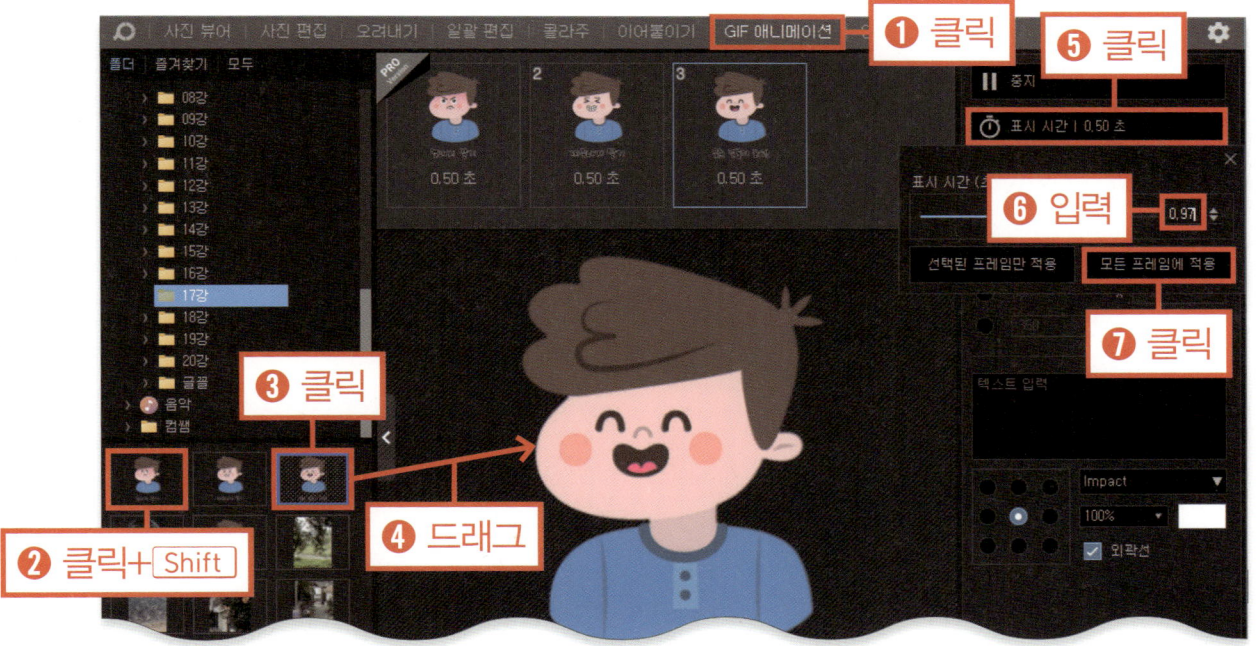

조금 더 배우기

[전환 효과]의 기본값은 '없음'으로 되어 있습니다. 예제처럼 배경이 같은 경우는 전환 효과를 주지 않아야 표정만 변경이 됩니다.

15 [저장]을 클릭합니다. '저장' 대화상자가 나타나면 하단 [반복] 메뉴에서 [계속]을 선택합니다. [저장]을 클릭한 후 [예제이미지]-[17강] 폴더에 '표정관리.gif'로 [저장]합니다.

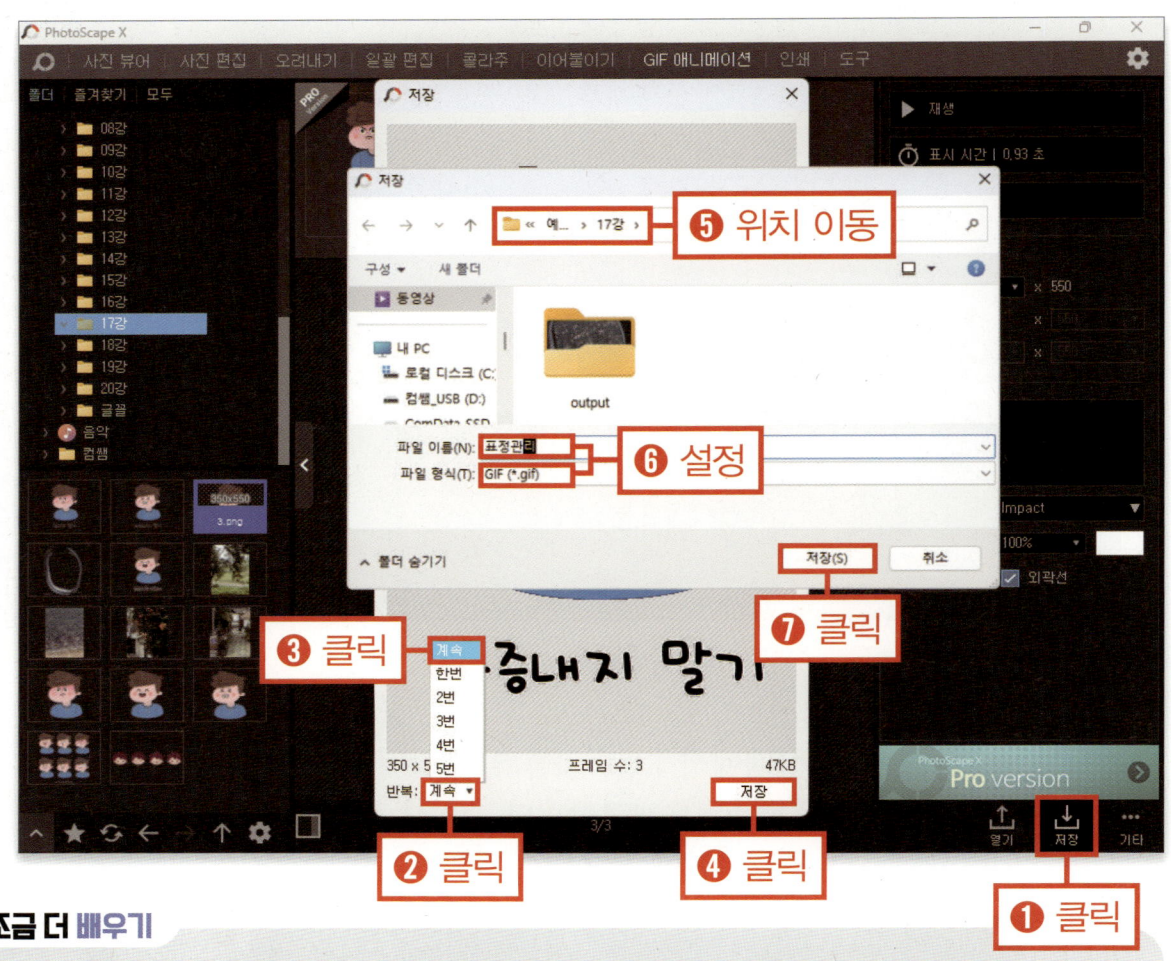

조금 더 배우기

사진 파일 형식에 대해 정리해 봅니다.
- **JPEG** : 사진에 적합하며 손실 압축 방식
- **PNG** : 투명도를 지원하고 무손실 압축
- **GIF** : 움직이는 이미지, 낮은 색상 지원
- **TIFF** : 고품질 인쇄용 무손실 압축

STEP 02 움짤로 창문 밖 배경 바꾸기

01 [일괄 편집] 탭을 클릭합니다. [여행1.jpg] 사진을 클릭한 후 Shift 를 누른 상태에서 [여행4.jpg]를 클릭합니다. 선택된 사진들을 '여기에 사진을 끌어 놓으세요.'로 드래그합니다. 오른쪽 옵션 창에서 [크기 조절]-[세로 높이]를 클릭하여 [선택](◉)한 후 [500]을 선택합니다. [삽입]-[이미지]를 차례대로 클릭합니다. [예제이미지]-[17강]에서 [비행기안.png]를 더블 클릭합니다.

02 왼쪽의 '이미지' 대화상자가 나타나면 [가로:세로 비율 유지]를 클릭하여 [체크 해제](■)한 후 크기를 사진과 맞게 조절합니다.

03 [저장]을 클릭합니다. '저장' 대화상자가 나타나면 [하위 폴더에 저장]을 클릭하여 [선택](◉)합니다. [접두어(이름 앞에 붙임)]을 클릭하여 [선택](◉)한 후 '비행기_'를 입력합니다. [확인]을 클릭합니다.

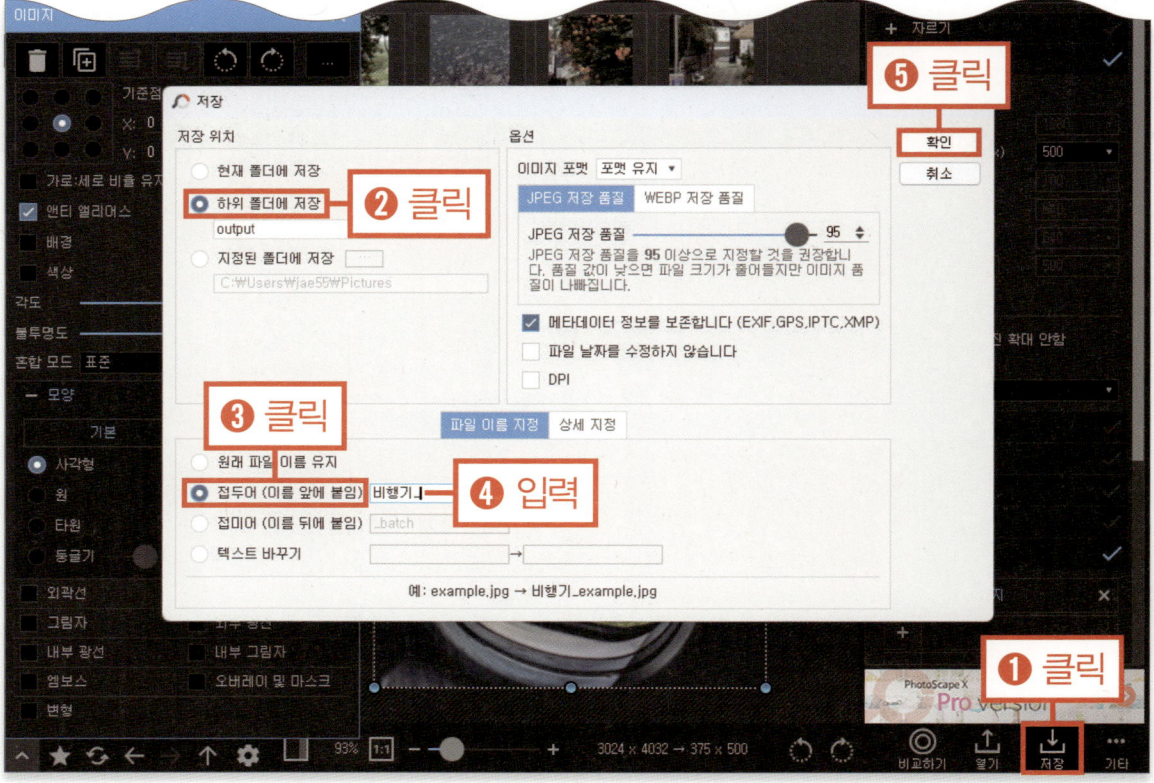

04 [GIF 애니메이션] 탭을 클릭한 후 [17강]의 [output]을 클릭합니다. [비행기_여행1.jpg]를 클릭한 후 Shift를 누른 상태에서 [비행기_여행4.jpg]를 클릭합니다. 선택된 사진들을 '여기에 사진을 끌어 놓으세요.'로 드래그합니다. [표시 시간]은 '0.93'으로 설정, [전환 효과]를 클릭한 후 [디졸브]를 클릭하여 [선택](◉)합니다. [모든 프레임에 적용]을 클릭합니다.

조금 더 배우기

블로그 프로필이나 배너에는 [전환 효과] '왼쪽으로 전환' 또는 '오른쪽으로 전환'을 사용해 봅니다.

05 [저장]을 클릭한 후 [예제이미지]-[17강] 폴더에 '비행기안.gif'로 저장합니다.

CHAPTER 18
내가 만든 행사 포스터, 해상도 높여 인쇄까지!

POINT

포스터를 제작한 후 해상도를 최적화하여 인쇄용으로 변환하는 방법을 배워봅니다. 선명한 출력과 다양한 용도에 맞게 인쇄합니다.

완성 화면 미리 보기

여기서 배워요!

새로 만들기 / 인쇄용으로 저장하기 / 인쇄하기

STEP 01 포스터 제작하기

01 '포토스케이프 X'를 실행한 후 [사진 편집] 탭을 클릭합니다. [기타]-[새로 만들기]를 차례대로 클릭합니다. [가로 폭]은 '2480', [세로 높이]는 '3508'을 입력하고 [배경]은 [그레이디언트](▬)를 클릭합니다. (▬)를 [선택](◉)한 후 각각 (▬), (▬)으로 선택합니다. [확인]-[확인]을 차례대로 클릭합니다.

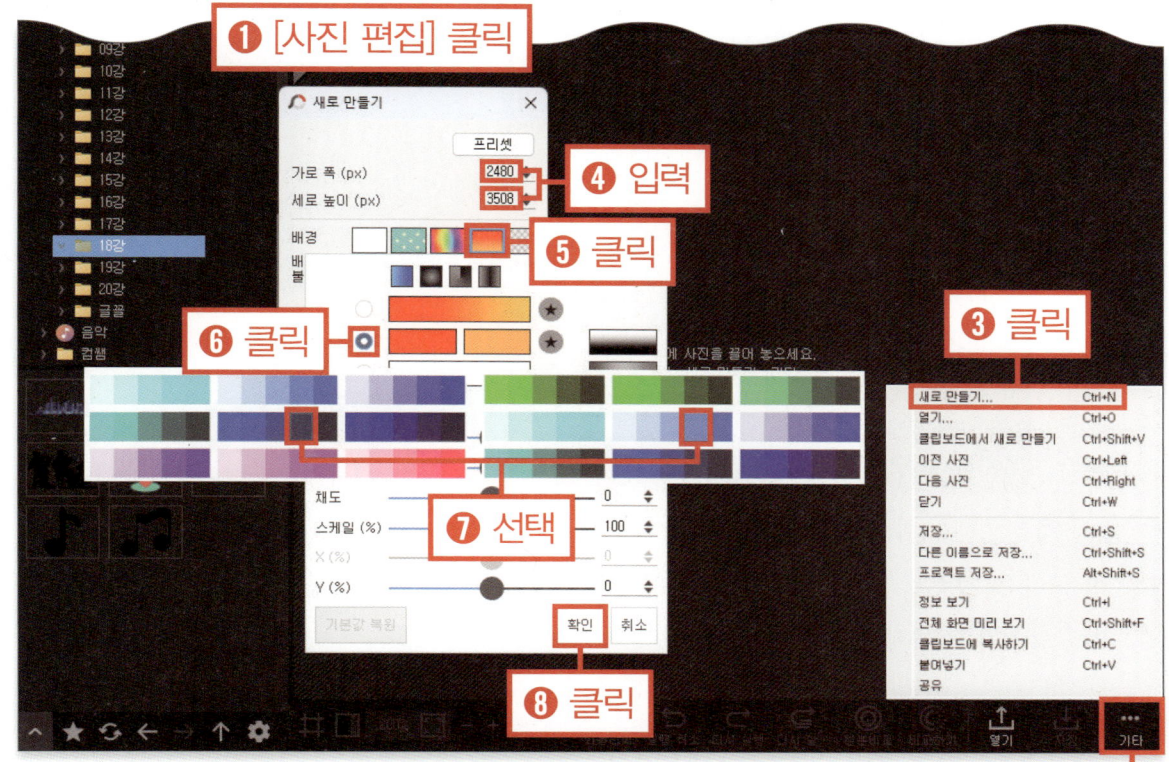

02 색상이 적용된 배경을 확인한 후 [삽입] 메뉴를 클릭합니다.

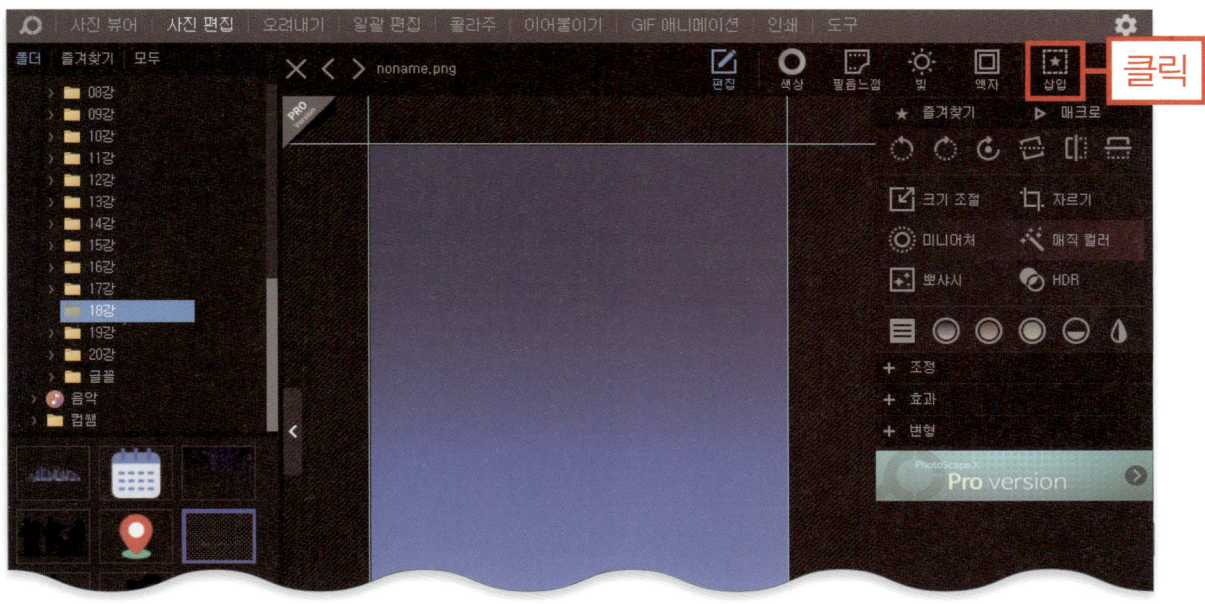

03 [예제이미지]의 [18강] 폴더를 선택한 후 [화면 축소](−)를 클릭하여 화면 비율을 줄입니다. [별배경.png]와 [건물.png]를 각각 배경으로 드래그한 후 크기 및 위치를 아래와 같이 배치합니다.

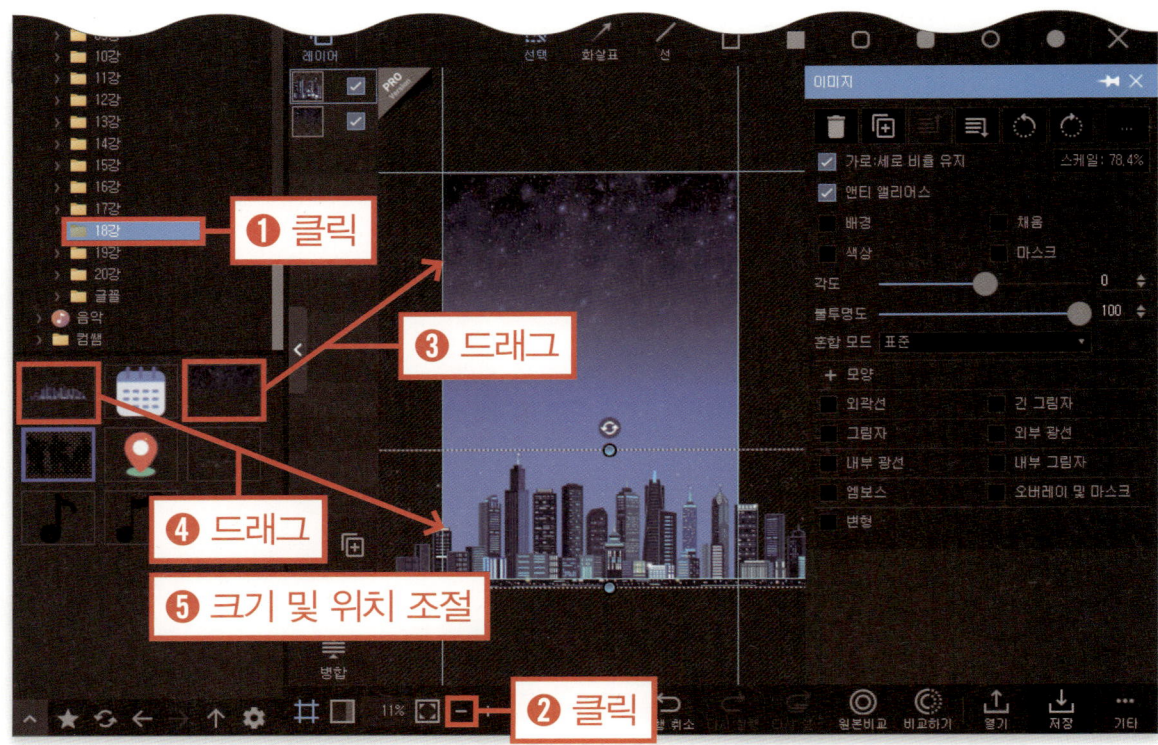

04 [18강]의 [연주.png]를 배경으로 드래그합니다. '이미지' 대화상자가 나타나면 [불투명도]를 '55'로 입력합니다.

05 [채워진 사각형](■)을 클릭합니다. '사각형' 대화상자가 나타나면 [색상]의 [단색]을 클릭하여 (▨)을 선택합니다. [불투명도]를 '88'로 입력한 후 아래와 같이 드래그합니다. [레이어]를 클릭합니다. 채워진 도형이 건물을 가리고 있어 뒤로 보내기 위해 [채워진 사각형] 레이어를 '건물' 레이어 아래로 드래그하여 이동합니다.

06 [텍스트]를 클릭합니다. '텍스트' 대화상자가 나타나면 '연말 별빛 이벤트'를 입력합니다. [글꼴]은 [맑은 고딕], [글자 크기]는 '212', [글꼴색]은 [단색] (▨)으로 설정합니다. [외곽선]을 클릭해 [체크](✓)한 후 [색상]은 [검정](■), [두께]는 '14'를 입력합니다.

07 '텍스트' 대화상자에서 [복제하기](   )를 클릭한 후 '쓱싹'으로 수정합니다. [글꼴]은 [핑크퐁 아기상어 Bold], [글자 크기]는 '687', [글꼴색]은 [단색](   )으로 설정합니다. [그림자]를 클릭하여 [체크](   )한 후 [거리]는 '15', [각도]는 '20', [색상]은 [검정](   )으로 설정합니다.

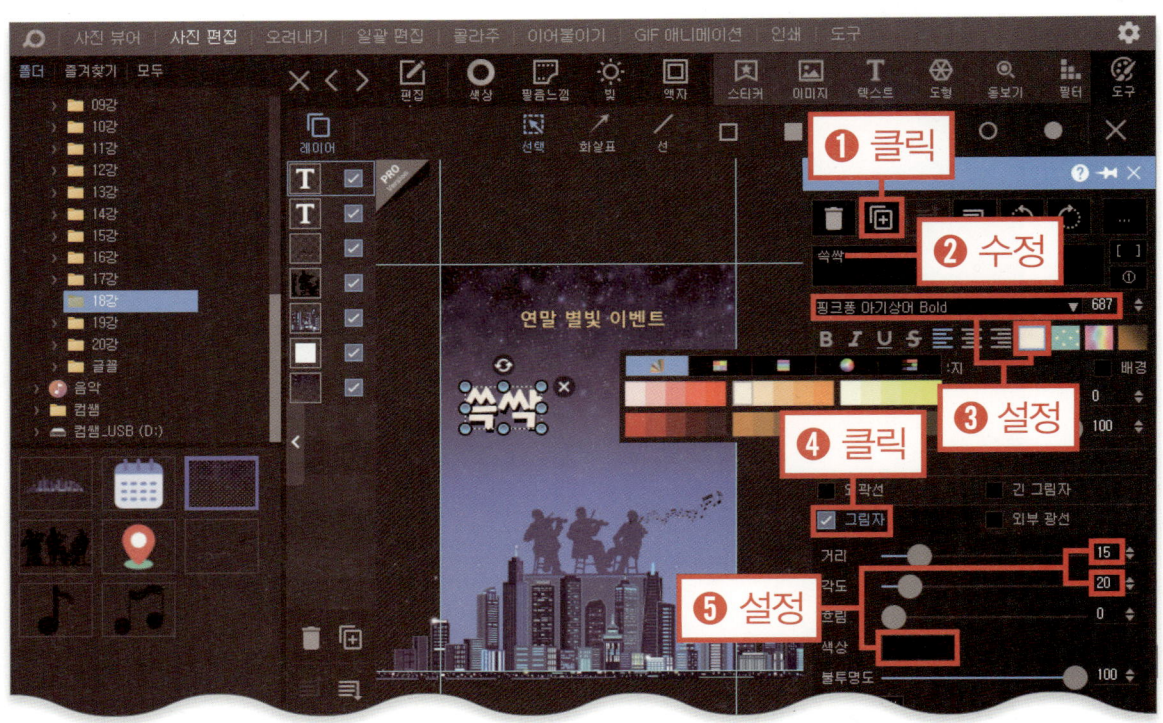

08 다시 한 번 [복제하기](   )를 클릭한 후 '빛'으로 수정합니다. [글자 크기]는 '1011', [글꼴색]은 [단색](   )을 선택합니다.

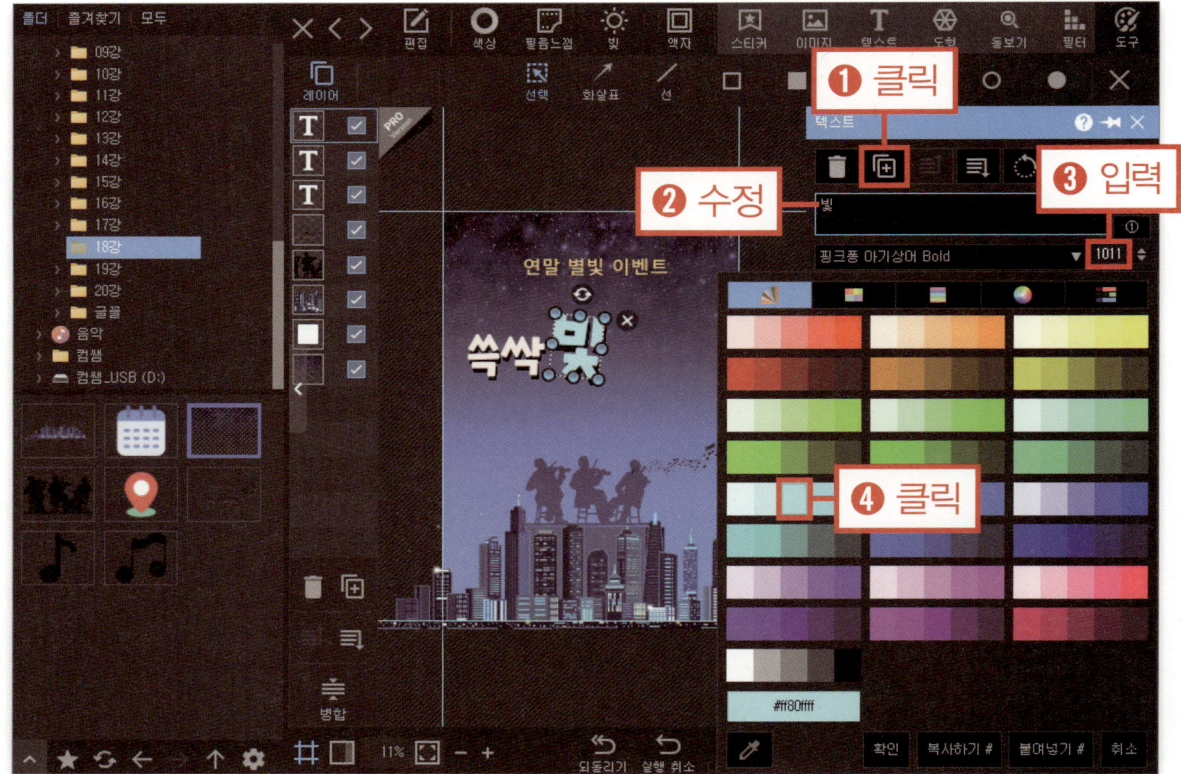

09 다시 [복제하기]( )를 클릭한 후 '음악회'로 수정합니다. [글자 크기]는 '683', [글꼴색]은 [단색]( )을 선택합니다.

10 [연말 별빛 이벤트] 텍스트를 선택한 후 [복제하기]( )를 클릭합니다. '2030년 12월 31일 20시'로 수정한 후 [글자 크기]는 '189', [글꼴색]은 [단색]( )으로 설정합니다. [복제하기]( )를 클릭한 후 '쓱싹아카데미 옥상에서'로 수정한 후 [글자 크기]는 '683', [글꼴색]은 [단색]( )으로 설정합니다.

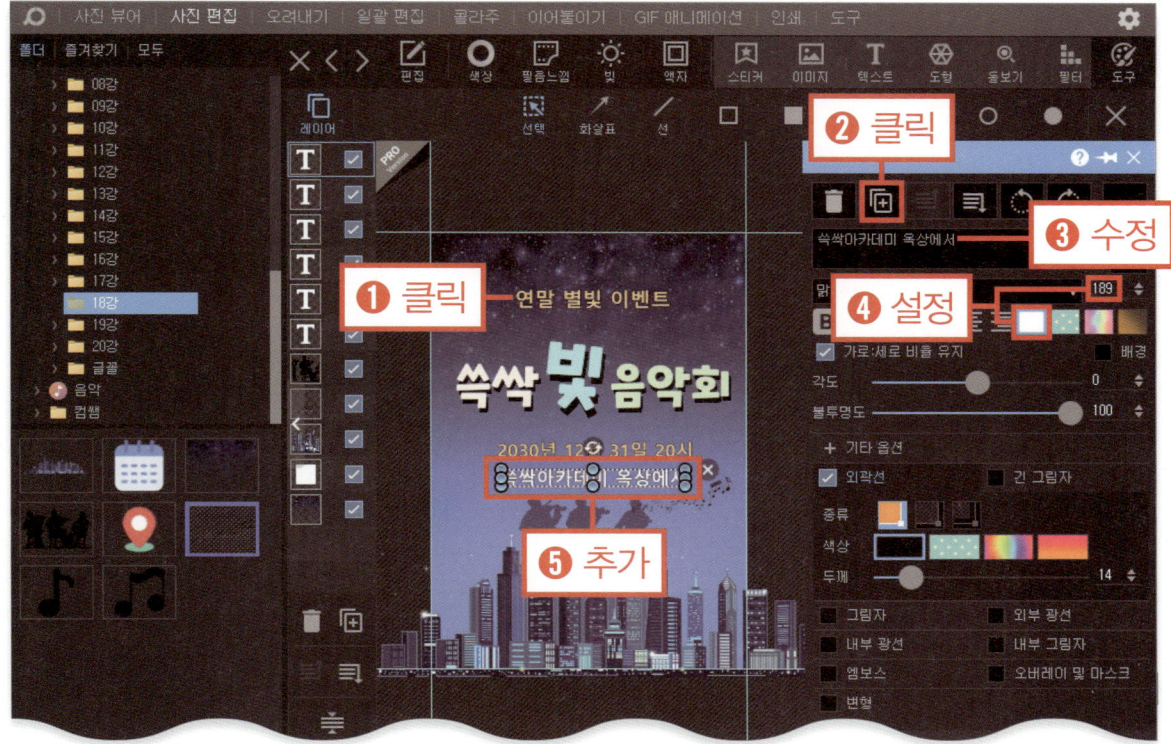

11 [18강]의 [달력.png]와 [위치.png]를 화면으로 드래그한 후 아래와 같이 배치합니다.

12 [스티커] 탭을 클릭합니다. [만화]-(⭐)을 차례대로 클릭하여 삽입한 후 아래 그림처럼 크기 및 위치를 지정합니다. 파일을 [저장]합니다.

조금 더 배우기

지정한 사진 크기로 저장될 수 있도록 '사진 밖으로 벗어난 개체가 모두 저장되도록 사진 크기를 확대해서 저장할까요?' 메시지는 [아니오]를 클릭합니다.

13 '저장' 대화상자가 나타나면 [JPG 저장 품질]을 '100'으로 설정합니다. 하단의 [DPI]를 클릭하여 [선택](☑)한 후 [300 DPI-프린터 해상도]를 선택합니다. [다른 이름으로 저장]을 클릭한 후 '음악회'를 입력하고 저장합니다. '음악회.png'로 저장됩니다. 한 번 더 [저장]을 클릭한 후 '음악회.jpg'로 저장합니다.

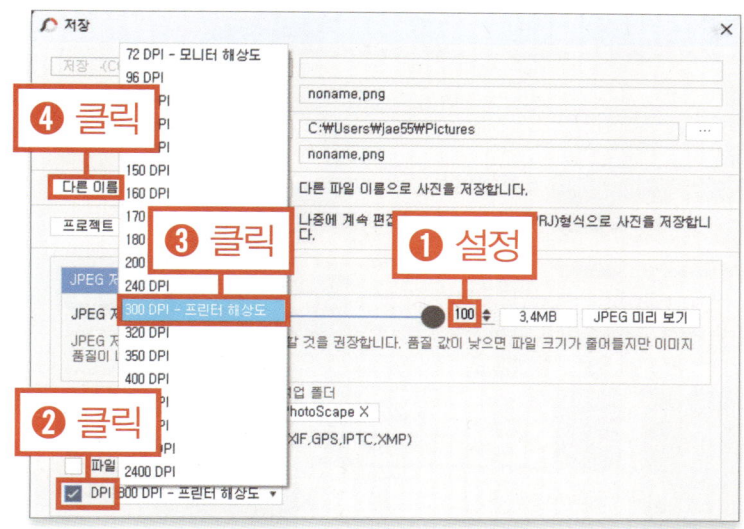

 **조금 더 배우기**

'음악회.png'와 '음악회.jpg'의 용량을 비교해 봅니다.

STEP 02 해상도 높여 인쇄하기

01 [인쇄] 탭을 클릭합니다. [18강] 폴더에서 [음악회.jpg]를 '여기에 사진을 끌어 놓으세요.'로 드래그합니다. '옵션' 창에서 [바둑판]을 클릭한 후 [행 (줄) 개수], [열 (칸) 개수]를 각각 '1'로 설정합니다. [셀 간격]의 [DPI]를 클릭하여 [선택](◉)하고 [300 DPI-프린터 해상도]를 선택합니다. [인쇄]를 클릭합니다.

CHAPTER 18 내가 만든 행사 포스터, 해상도 높여 인쇄까지! **135**

02

'옵션' 창에서 [셀 크기]를 클릭합니다. [셀]은 [3.5×5 in(8.9×12.7 cm)]를 선택한 후 [셀 간격]의 [맞춤]을 클릭하여 [선택](◉)합니다. 상단에 삽입된 [음악회.jpg]를 선택한 후 마우스 오른쪽 버튼을 클릭하여 [복제하기]를 클릭합니다. 사각형 개수만큼 이미지를 채웁니다. [인쇄]를 클릭합니다.

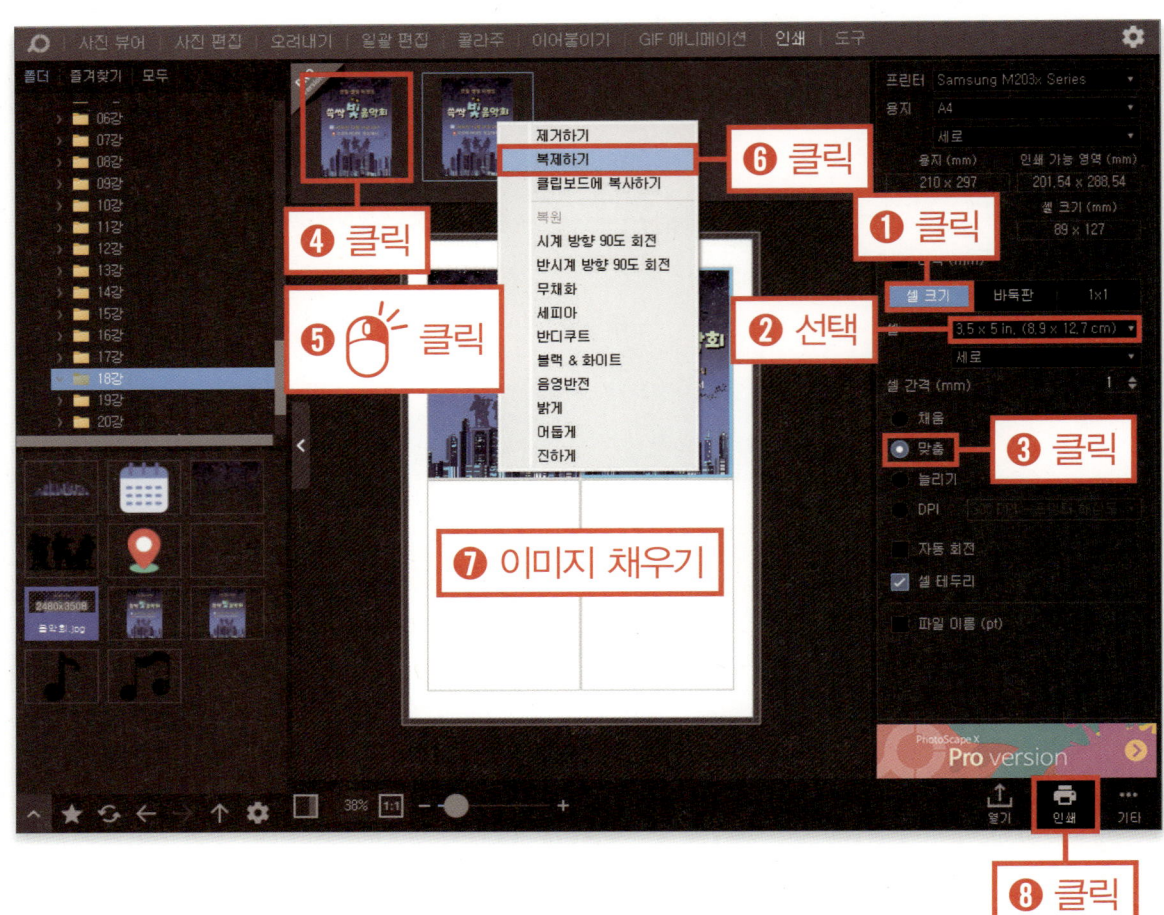

CHAPTER 19 가족여행 앨범 디자인도 뚝딱!

POINT

여러 장의 여행 사진을 모아 보기 좋게 앨범을 구성하는 방법을 배웁니다. 사진 배치, 배경, 장식 등을 활용해 감성적인 가족 앨범을 완성합니다.

완성 화면 미리 보기

여기서 배워요!

이미지 / 텍스트 / 스티커

> **STEP 01** 가족여행 앨범 만들기

01 '포토스케이프 X'를 실행합니다. [사진 편집] 탭을 클릭한 후 [예제이미지]-[19강] 폴더의 [배경.png]를 선택합니다.

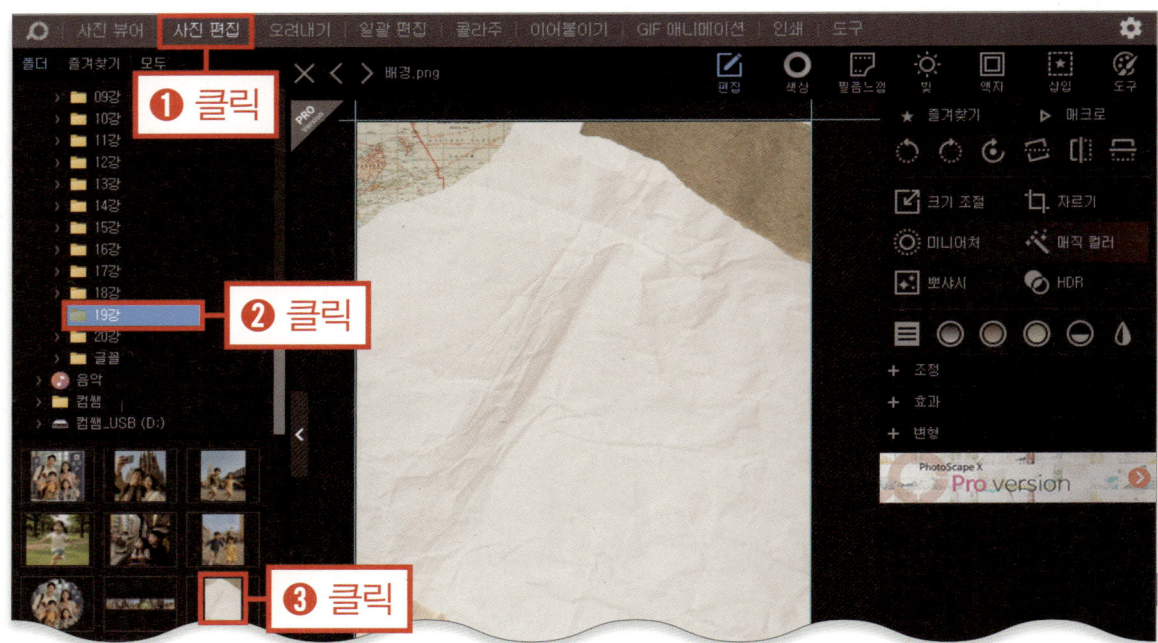

02 [삽입] 메뉴를 클릭한 후 [19강]의 [가족여행7.png]와 [가족여행모음.png]를 배경 이미지로 각각 드래그합니다. 크기 및 위치를 아래와 같이 조정합니다.

조금 더 배우기

'액자.png'를 이용하여 '가족여행7.png'를 만들었습니다.

03 [19강]의 [가족여행3.png]를 화면으로 드래그합니다. '이미지' 대화상자가 나타나면 [각도]는 '-10'을 입력, [외곽선]을 클릭하여 [체크](✓)한 후 [색상]은 [단색](☐), [두께]는 '25'로 설정합니다.

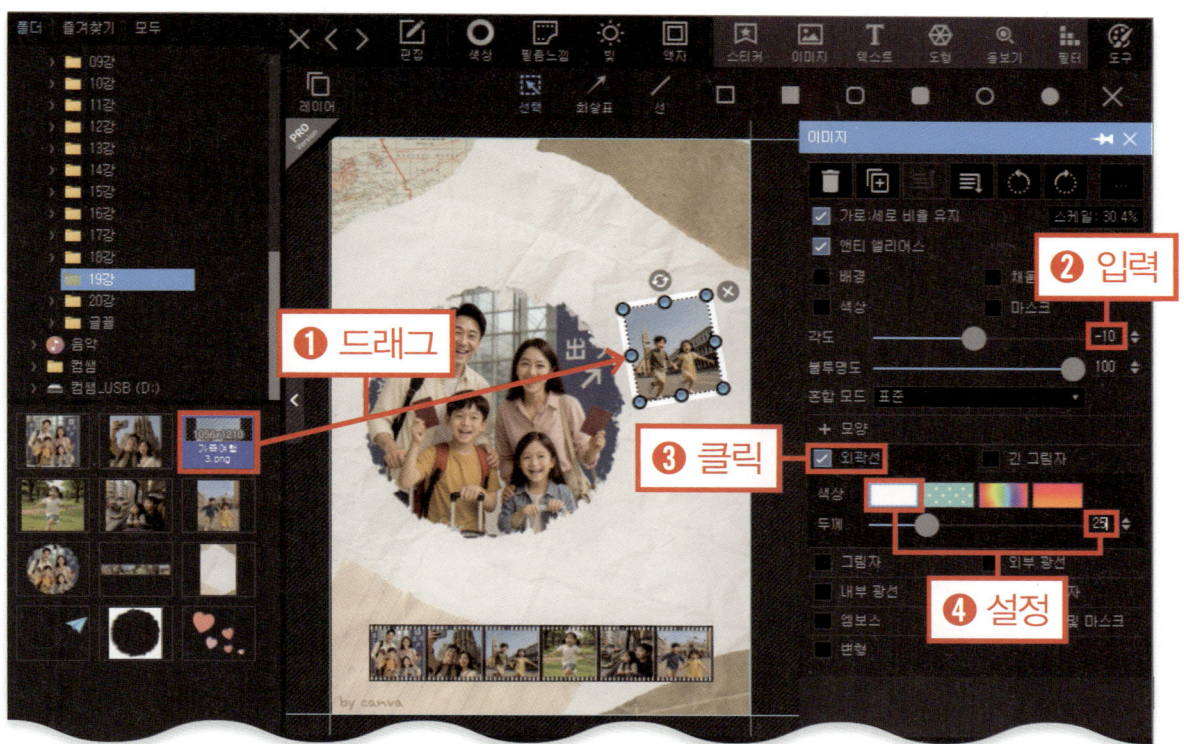

04 [가족여행4.png]와 [가족여행5.png]를 각각 화면으로 드래그합니다. [각도]는 각각 '8', '-3'으로 입력한 후 아래 그림처럼 배치합니다.

[삽입]-[이미지]를 클릭하면 여러 개의 사진을 한꺼번에 가지고 올 수 있습니다.

CHAPTER 19 가족여행 앨범 디자인도 뚝딱!

05 [텍스트] 메뉴를 클릭합니다. '텍스트' 대화상자가 나타나면 'Family Trip'을 입력합니다. [글꼴]은 [온글잎 레디오 볼펜체], [글자 크기]는 '270'으로 설정한 후 아래 그림처럼 위치를 이동합니다. [글꼴색]은 [그레이디언트](■)를 클릭하여 (■)를 [선택](◎)한 후 각각 (■), (■)으로 선택합니다. [회전]은 '-130', [채도]는 '-6'을 입력한 후 [확인]을 클릭합니다.

06 '텍스트' 대화상자에서 [복제하기](■)를 클릭합니다. '우리가 함께라는 사실이 + Enter↵ + 가장 큰 행복이란다. 사랑해'를 입력합니다. [글자 크기]는 '107', [글꼴색]은 [단색](■)으로 설정합니다. 아래 그림처럼 배치합니다.

07 [19강]의 [하트.png]와 [비행기.png]를 각각 화면으로 드래그하여 아래와 같이 크기 및 위치를 설정합니다. [비행기.png]를 클릭합니다. '이미지' 대화상자가 나타나면 [색상]을 클릭하여 [체크](✓)합니다. [더보기](...)를 클릭합니다.

08 '색상' 대화상자가 나타나면 [원본 색상]을 클릭한 후 [세피아]를 클릭합니다. [생동감]은 '100'으로 입력한 후 [적용]을 클릭합니다.

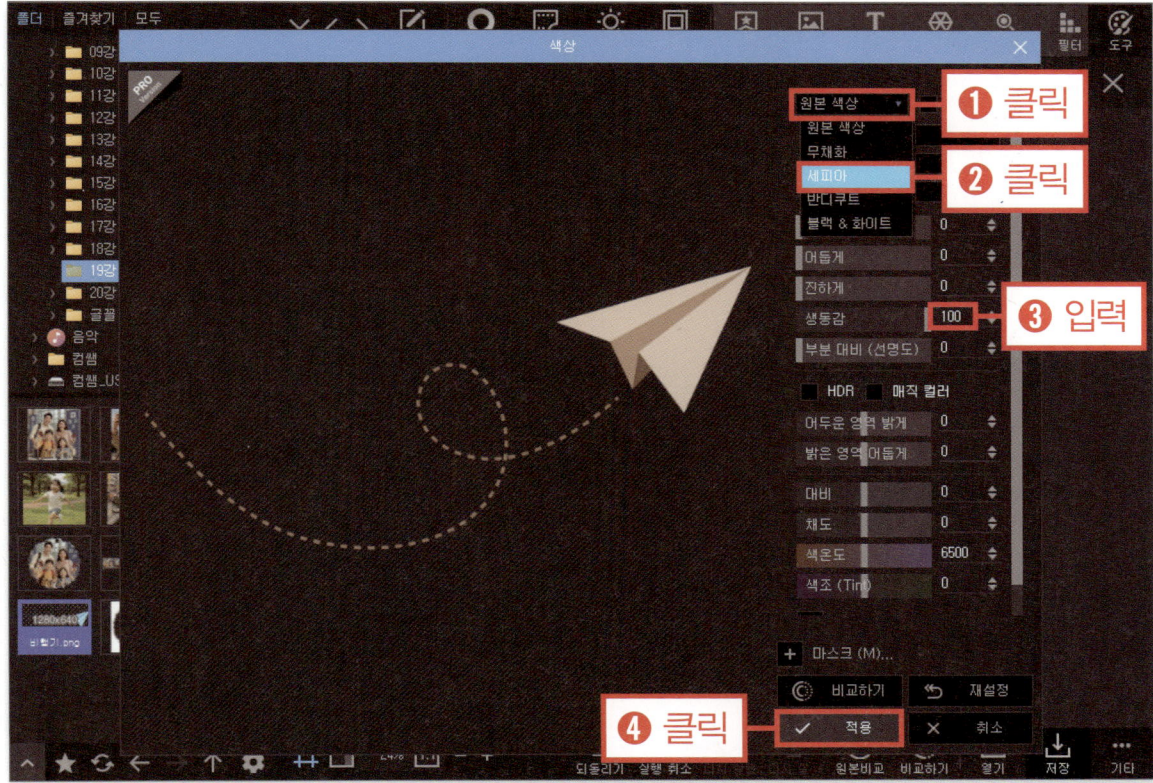

09 [레이어]를 클릭합니다. [비행기] 레이어를 맨 아래로 드래그합니다. [스티커]를 클릭한 후 [문방구]에서 (▭)를 클릭합니다. [확인]을 클릭합니다.

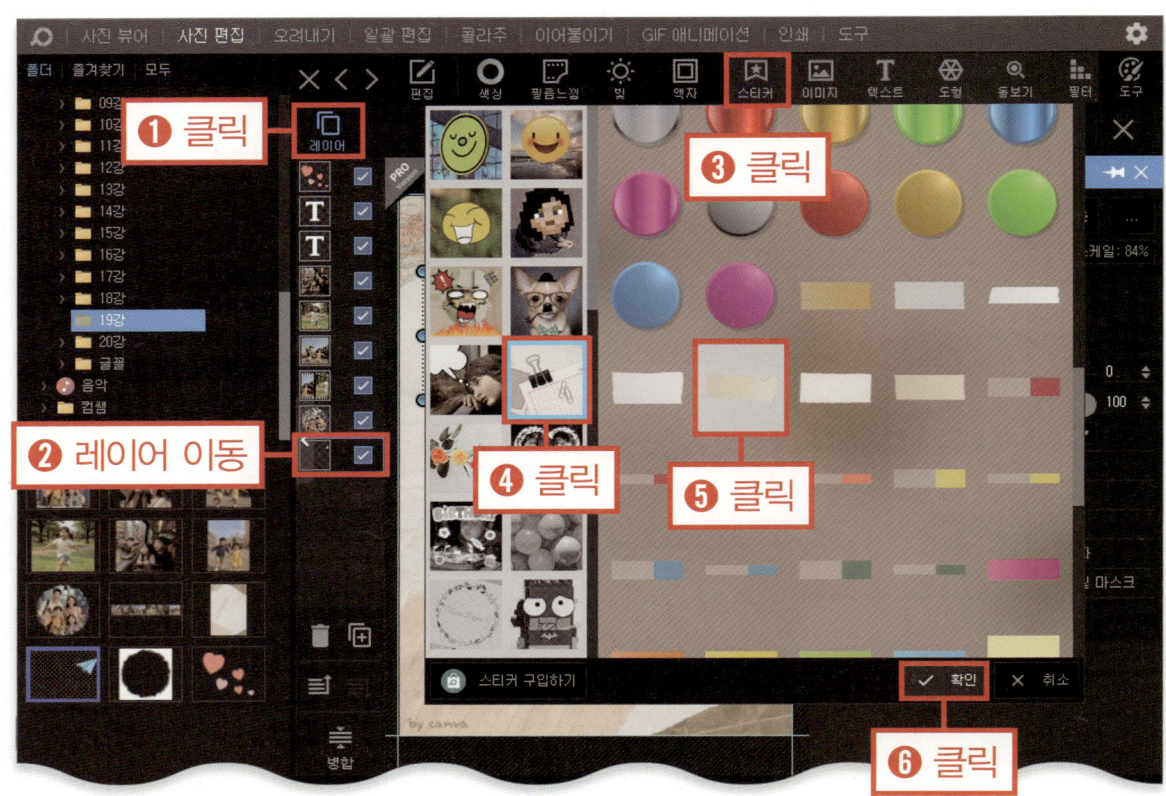

10 '이미지' 대화상자가 나타나면 [각도]를 '19'로 입력한 후 아래와 같이 크기 및 위치를 조절합니다.

11 '스티커' 대화상자에서 [복제하기](🔲)를 클릭한 후 아래 그림처럼 배치합니다. [저장]-[프로젝트 파일로 저장]을 차례대로 클릭하여 '가족앨범.psxprj'로 저장합니다. 한 번 더 [저장]을 클릭하여 '가족앨범.jpg'로 저장합니다.

조금 더 배우기

여행별로 작성하여 '이어붙이기' 또는 'GIF 애니메이션'으로 작성해서 앨범을 완성해 봅니다.

CHAPTER 20 사진으로 만드는 4컷 동화

POINT

사진을 활용해 짧은 이야기 형식의 4컷 동화를 만드는 방법을 배워봅니다. 사진 배치, 간단한 글씨 삽입으로 재미있고 감성적인 이야기를 완성합니다.

완성 화면 미리 보기

여기서 배워요!

이어 붙이기 / 여백, 둥근 모퉁이 / 도형 / 텍스트

STEP 01 4컷 동화 만들기

01 '포토스케이프 X'를 실행한 후 [이어붙이기] 탭을 클릭합니다. [예제이미지]-[20강] 폴더에서 [동화1컷.png]를 클릭한 후 Shift 를 누른 상태로 [동화4컷.png]를 클릭하고 '여기에 사진을 끌어 놓으세요.'로 드래그합니다. '옵션' 창에서 [바둑판]을 클릭한 후 [열(칸) 개수]를 [2]로 선택합니다. [여백]은 '100', [간격]은 '100'을 입력합니다. [배경]은 [단색](☐)을 선택합니다.

CHAPTER 20 사진으로 만드는 4컷 동화 | 145

02 [파일 이름]을 클릭하여 [체크](☑)한 후 [글자 크기]는 '100' 입력, [글꼴]은 [온글잎 신예빈]으로 설정합니다.

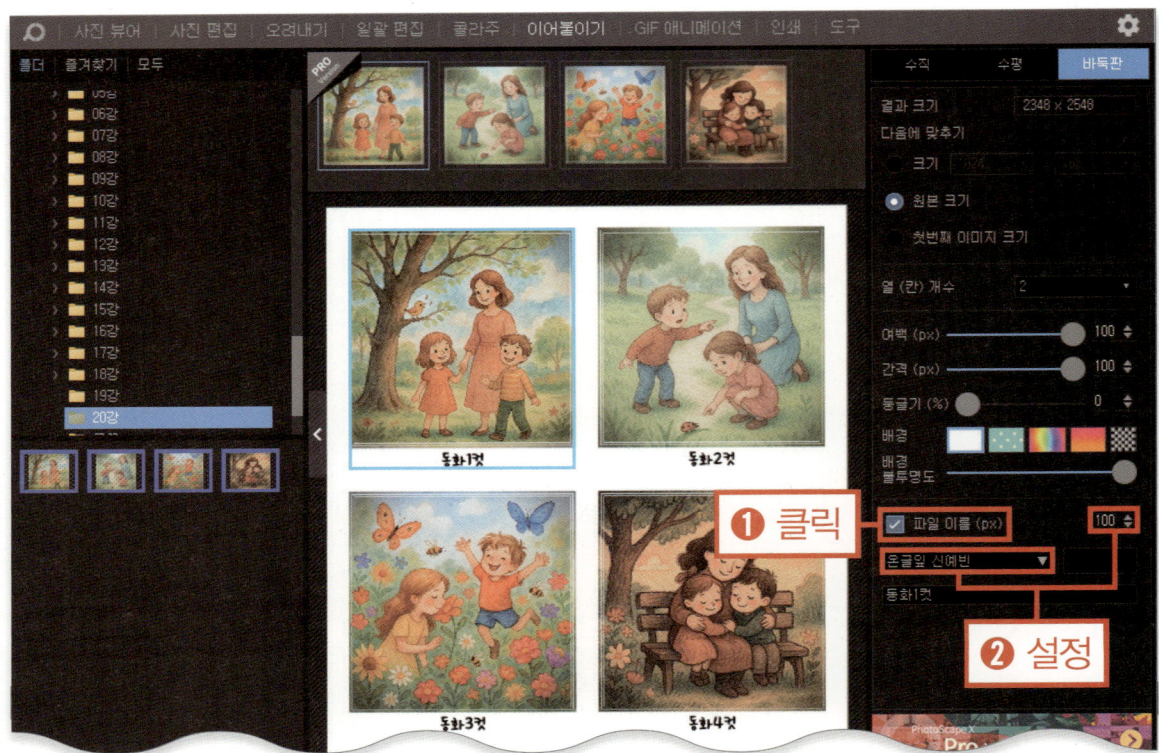

03 [동화1컷]의 [파일명]을 클릭한 후 '1장-나무랑 인사해요'로 수정합니다. 나머지 파일명도 아래와 같이 수정한 후 [저장]을 클릭하여 [예제이미지]-[20강] 폴더에 '동화.png'로 저장합니다.

04 [사진 편집] 탭을 클릭한 후 [동화.png]를 선택합니다. [편집]을 클릭한 후 [변형]-[여백/둥근 모퉁이]를 차례대로 클릭합니다. '여백/둥근 모퉁이' 대화상자가 나타나면 [위]에 '50'을 입력합니다. [배경]이 [단색](▭)인지 확인한 후 [적용]을 클릭합니다.

05 [텍스트]를 클릭한 후 '텍스트' 대화상자가 나타나면 '민호와 유리의 공원 산책'을 입력합니다. [글꼴]은 [온글잎 신예빈], [글자 크기]는 '265'로 설정합니다. [외곽선]을 클릭하여 [체크](✓)한 후 [색상]은 [단색](■), [두께]는 '50'으로 설정합니다.

06 [채워진 사각형](■)을 선택한 후 '사각형' 대화상자가 나타나면 [색상]은 [단색](■), [불투명도]는 '40'으로 설정합니다. '동화1컷'으로 드래그합니다. 아래와 같이 크기 및 위치를 조절한 후 배치합니다.

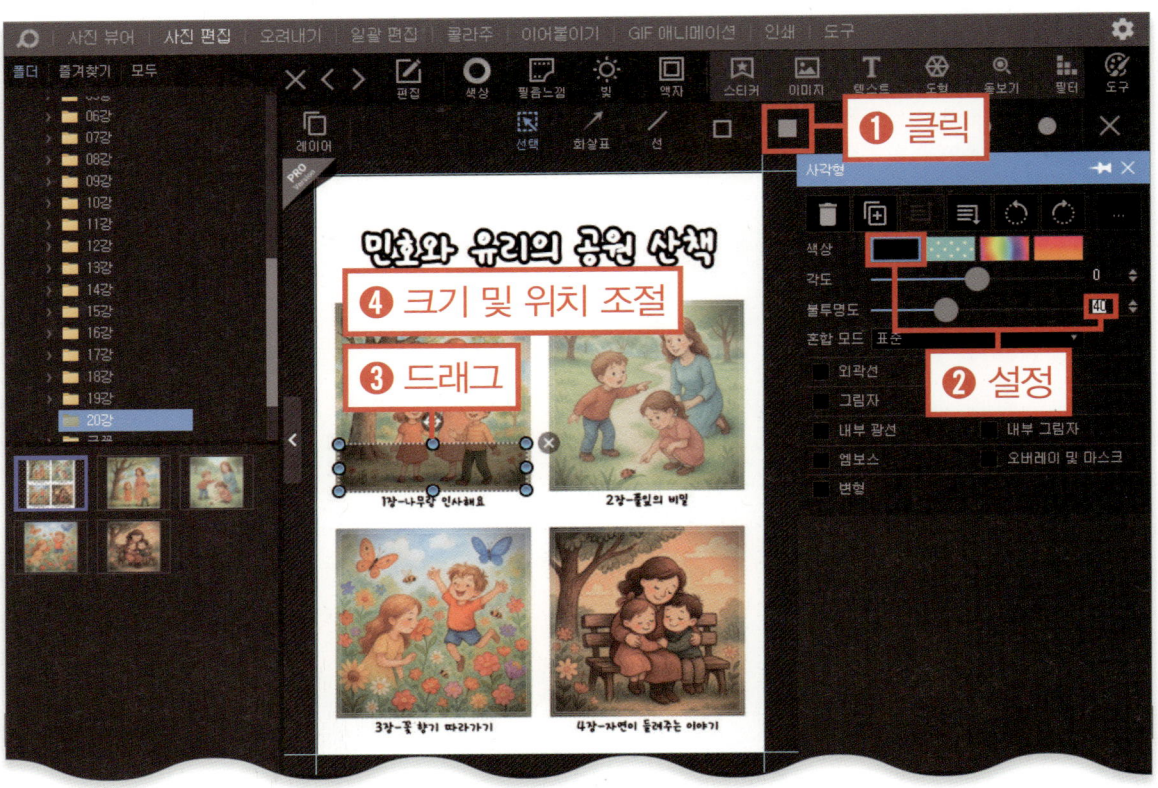

07 '사각형' 대화상자에서 [복제하기](⊞)를 클릭하여 나머지 컷에도 사각형을 삽입 및 배치합니다.

08 '포토스케이프 X'를 [최소화]합니다. [20강]의 [동화스토리.txt]를 실행한 후 내용을 드래그하여 범위 지정합니다. Ctrl+C(복사하기)를 누릅니다.

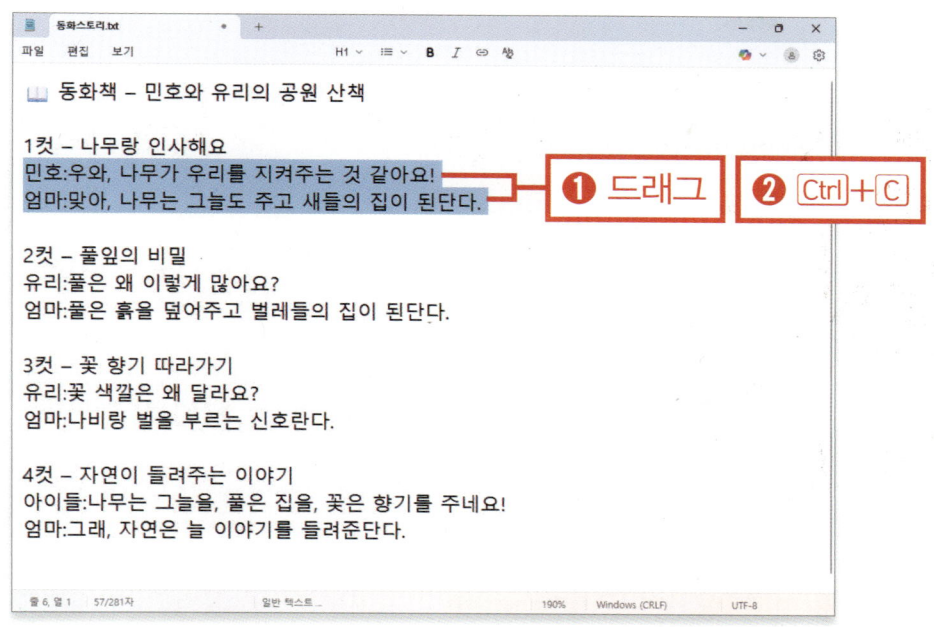

09 '포토스케이프 X'를 [최대화]한 후 [텍스트]를 클릭합니다. '텍스트' 대화상자가 나타나면 Ctrl+V(붙여넣기)를 합니다. [글자 크기]는 '67'을 입력한 후 아래 그림과 같이 배치합니다.

조금 더 배우기

텍스트 파일을 보며 내용을 직접 입력해도 됩니다.

10 나머지 컷에도 같은 방법으로 내용을 입력한 후 [저장]을 클릭합니다. [JPEG 저장 품질]을 '100'으로 설정한 후 [DPI]를 [선택](☑)합니다. [300 DPI-프린터 해상도]를 선택한 후 '동화나라.jpg'로 저장합니다.

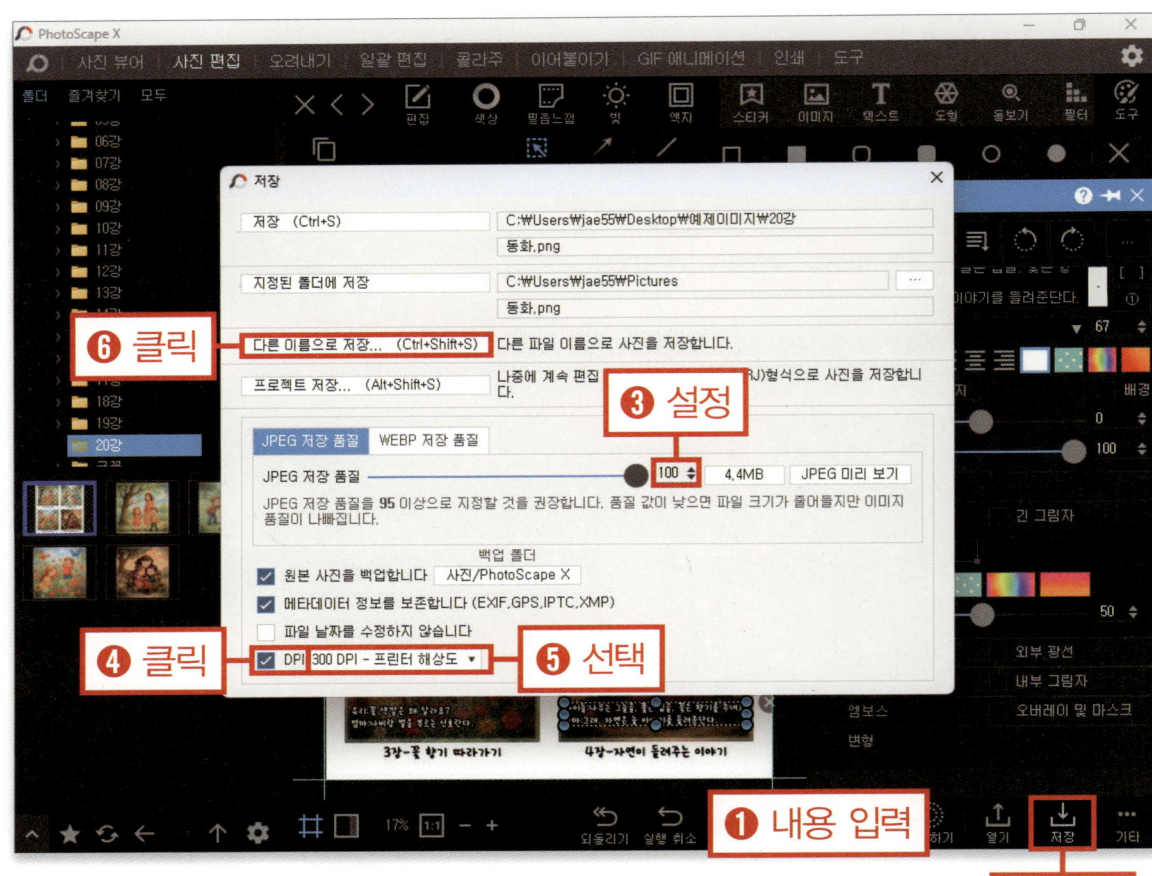

조금 더 배우기

동화 4컷 이야기는 [Chatgpt]가 내용을, [sora]가 이미지를 만들었습니다.

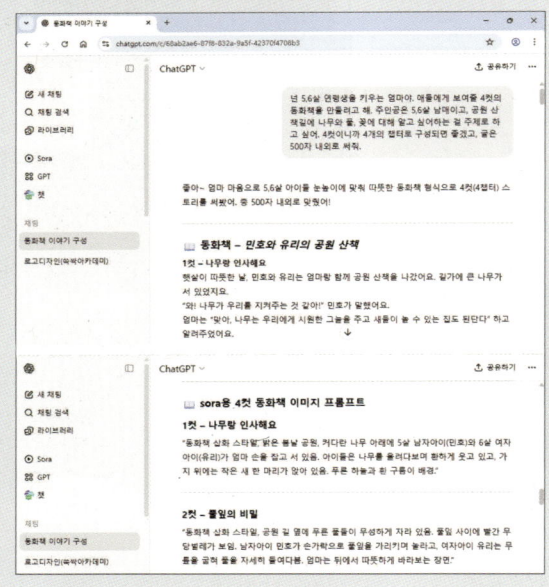
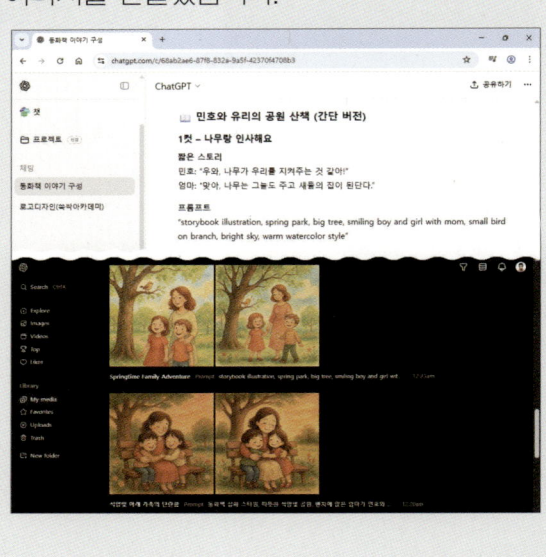

2nd Edition

1판 1쇄 발행 2025년 12월 18일

저 자 | 김재연
발행인 | 김길수
발행처 | ㈜영진닷컴
주 소 | (08512) 서울특별시 금천구 디지털로9길 32
갑을그레이트밸리 B동 10F
등 록 | 2007. 4. 27. 제16-4189호

ⓒ2025. ㈜영진닷컴

ISBN 978-89-314-8167-9

이 책에 실린 내용의 무단 전재 및 무단 복제를 금합니다.
파본이나 잘못된 도서는 구입하신 곳에서 교환해 드립니다.

YoungJin.com Y.
영진닷컴